「那些叫人脑洞大开的趣味问答」

@微博问答◎编著

中国友谊出版公司

图书在版编目（CIP）数据

那些叫人脑洞大开的趣味问答 / @微博问答编著. --
北京：中国友谊出版公司，2018.6
ISBN 978-7-5057-4322-9

Ⅰ. ①那… Ⅱ. ①微… Ⅲ. ①科学知识－普及读物
Ⅳ. ①Z228

中国版本图书馆CIP数据核字（2018）第048058号

书名 **那些叫人脑洞大开的趣味问答**
编著 @微博问答
出版 中国友谊出版公司
策划 杭州蓝狮子文化创意股份有限公司
发行 杭州飞阅图书有限公司
经销 新华书店
制版 杭州真凯文化艺术有限公司
印刷 杭州钱江彩色印务有限公司
规格 880×1230毫米 32开
6.75印张 105千字
版次 2018年6月第1版
印次 2018年6月第1次印刷
书号 ISBN 978-7-5057-4322-9
定价 39.00元
地址 北京市朝阳区西坝河南里17号楼
邮编 100028
电话 （010）64668676

序言

疑问始于好奇，好奇驱使我们去弄明白事情发生的原理。对一个人的发展来说，好奇是一种正反馈——只有拥有了对未知事物了解的渴望，才会产生学习更多的动力，从而让学习变成一件有趣的事。获取知识有很多种途径，一种比较有效的方式是向别人发问。通过一个问题的回答而解决了半辈子人生困惑的例子并不是没有。在这个过程中，每个人既可以是疑问的提出者，也可以是他人问题的回答者，当然也可以是参与者、旁观者。拥有奇思妙想的人，总是那么与众不同。

微博是基于内容构建的关系型社交平台，有着完整的内容体系与多样的产品形式。在整个微博内容体系产品中，微博付费问答非常具有典型性，它集商业化、内容呈现、社交于一体。

这本书精选了自微博付费问答上线以来最具人气、内容最为丰富有趣、最具传播价值的诸多问答，这些问答解决过上百万人的疑惑，无论是专业领域的科普，还是有待探讨的社会问题，每一个问题的提出都具有相应的普遍性与价值点。

当你阅读完这些极具特色又不失科学性的问答，你会发现提问也是一项重要技能，它是人对事物重塑与再造能力的变相体现。有时，提出一个好问题，事情往往就已经解决了一半。另外，提问还是一个不错的赚钱方式，在微博上凭一个好问题就收入过万元的大有人在。微博每天都在产出这样的优质问答，而提问者并不需要在微博上有多大的影响力，只需拥有善于把自己的日常思考转化成具体问题的能力，就能吸引大量的围观群众，获得一笔可观的收入。当然，如果能够在阅读这些问答的过程中了解掌握答主成为“大V”的步骤和诀窍，那么你就可能成为下一个“大V”。

我相信，任何事物的答案不会也不应该只有一个。这本书的价值因此也不仅仅局限于价值千万这样的数字，而在于它能够引导你去尝试多维度层次化地看问题，从而使自己成为一个相对不那么偏颇和狭隘的人。

最后要感谢蓝狮子团队，从微博海量的内容中发现了这些有价值的文字，也感谢文中每一位作者的大力支持，同时希望每一位读到这些内容的人，都能有所收获。

微博 CEO　王高飞

2018 年 3 月 28 日

目 录

01 如果要聊一聊我们的梦想……当然是星辰大海

02 科学知识就是力量……但你其实并不了解它！

03 听过了很多道理……这一生也能过得很好

04 没有什么值得难过……只是想听些安慰和鼓励！

05 虽然口袋里空空如也……但我真的很操心天下大事！

01

如果要聊一聊梦想……
当然是星辰大海！

Q1:

真的会有地球毁灭那一天吗，人类未来是否可以去外星球生存？

来自 @NASA 爱好者 的回答：

地球真的会有毁灭的那一天吗？这个问题确实比较吓人。

近几年，有关世界末日，讨论最广的是“2012 玛雅预言”。由于该预言在现实生活中对部分孩童和郁闷的青少年造成了过度惊吓，NASA（美国国家航空航天局）还为此专门创建了一个网页[①]，驳斥了各种世界末日的谣言。

① 详见 https://www.nasa.gov/topics/earth/features/2012.html。

2012 年 12 月 21 日不是世界末日，只是另一个冬至日。

简述一下地球，它是太阳系中由内向外排列的第三颗行星，也是太阳系中的第五大行星。地球诞生于 45.4 亿年前，约在地球诞生的 10 亿年后出现了生命，据说距今 500 万年前人类诞生，500 年前哥白尼提出“日心说”才使人类逐步认识到地球不是宇宙的中心。目前，地球是人类所知宇宙中唯一存在生命的星球，承载着 70 多亿人口，是数百万种生物的家园，预计将在 40 亿年内继续拥有生命。

对于地球上的一切生物而言，赖以生存的能量几乎全部来自最近的恒星——太阳。太阳是一个巨大的核反应堆，在核聚变的过程中，原子的质量会稍微减少，而减少的质量会转变为能量，这些能量以光和热的形式表现出来，大约经过 8 分 20 秒，太阳表面的光便抵达地球，普照大地。

也就是说，太阳是地球一切生命存在的基础。但大约 50 亿年后，我们的太阳会进入红巨星阶段，那时的地球有可能被膨胀的太阳吞噬，即便恰好没有被吞噬，也已经不再适宜生命生存。

这也就决定了**“我们想要延续人类种族，必须成为一个多星球的物种”**。

我能想到的最浪漫的事，就是太阳和地球一起慢慢变老，等到它们快“死亡”的那一天，人类文明已经高度发达，可以进行星际穿越了……我们完全可以在这儿大开脑洞。事实上，太阳变成红巨星这件事情距离我们非常非常遥远，大家大可不必为此忧心。

此外，地球还一直受到彗星和小行星的影响。最近一次毁灭性的小行星撞击地球事件发生在6500万年前，从而导致了恐龙的灭绝。尽管此类毁灭性撞击的概率非常小，可一旦发生，对人类来说将是灭顶之灾，为此NASA的天文学家们实施了一项名为“太空卫士调查”（Spaceguard Survey）的观测计划，其目的正是为了找出可能会对地球造成威胁的近地行星，而到目前为止，还没有发现任何小行星可以造成像毁灭恐龙那样的巨大危机。所有这些工作都是公开的，大家可以在网站（http://cneos.jpl.nasa.gov/）上查看最新的发现。

另外，你一定看过很多科幻灾难大片。在2014年上映的《星际穿越》中，农作物相继枯萎，沙尘肆虐；在2008年上映的《机器人总动员》中，因污染和生活垃圾大量增加，地球不再适宜人类居住；而在2004年上映的《后天》中，温室效应造成了地球气候异变。这些关于环境污染和气候变化的描绘，虽然只是科幻电影，但对我们当下也提供了足够的警示，正是在过去的2016年，全球平均气温又创新高，是有记录以来最热的一年。

还有超级病毒、外星人入侵地球等造成人类灭绝的可能，这里就不再大开脑洞了。

那么，面对种种可能的危机，未来人类是否真的可以去另一个外星球生存呢？

NASA 前局长博尔登在 2014 年 4 月 22 日召开的火星峰会上讲道："如果人类想要一直繁衍生息下去，就必须成为能够在多个星球生存的物种。我们之所以需要登陆火星，是因为在那里我们能够掌握一些在地外星球生存的经验。火星是我们迈向太阳系其他星球或太阳系外的其他星系的跳板。"

让人类成为多星球物种，也是埃隆·马斯克（Elon Musk）的愿景和太空探索科技公司（SpaceX）的使命。那么，为什么要选择火星呢？这里可以引用一段马斯克在 2016 年 9 月 28 日的演讲《让人类成为多星球物种》中的话：

"我们处在太阳系由内至外的第三颗行星地球上，如果要想成为一个跨星球的物种，我们能选择的目的地不多。临近的选项之一有金星，但金星有极高的大气压，是个超高压的酸液池，所以难度颇高，要移居金星十分困难。水星太靠近太阳。而木星和土星的卫星，例如木卫二'欧罗巴'或土卫六'泰坦'，距离太阳和我们较远，难以到达。另外离我们最近的月球，也可以前往，但月球比行星小很多，也没有大气层，所以要建立居住地并不容易。这样一来，如果我们想要成为跨星球的物种，只剩下一个选择，那就是火星。”

但2017年2月8日来自美国《政客》杂志的报道称，特朗普政府希望首先尽快让人类重返月球。这一充满抱负的计划在政府内部文件中被披露，将转变NASA数年来载人太空任务的工作重心。

最后，我们再来简单聊一聊火星的情况。早期火星的环境和地球很相似，如果我们能够使火星的温度升高，就能拥有大气层和液态的海洋。

火星与太阳的平均距离约为2.29亿公里，是地球与太阳平均距离的1.5倍，阳光还算充足，就是温度有点低，在零下140摄氏度到30摄氏度范围之间，火星大气的主要成分是二氧化碳，约占96%，还有些许氮气、氩气等，这就意味着我们可以在火星上种植农作物，就如《火星救援》里描述的那样。

火星上的重力约为地球的37%，火星上的一天约为24.5个小时，和地球相似。相对而言，**火星比较容易被逐步打造成一个自给自足的文明**。但即使这样，火星也并不美好，比地球的环境恶劣很多。

如果我们要在火星建立一个自给自足的文明，就必须要降低成本，关键在于可重复使用的火箭和飞船。埃隆·马斯克已经在做这样的开发和尝试，他希望能将前往火星的费用降低至每人20万美元，目标是单次至少运送100人，未来几十年里使火星人口达到数百万。

Q2:
如果真的有外星人，他们会不会侵略地球？

来自@刘大可先生 的回答：

这个问题其实不是偶然出现的。

自从1898年英国作家赫伯特·乔治·威尔斯（Herbert George Wells）出版了小说《世界大战》（*The War of the Worlds*）之后，“外星人入侵”（Alien Invasion）这个科幻主题已经流行了100多年。20世纪中叶美苏争霸掀起了太空竞赛，21世纪初幻想电影又迎来了黄金时代，这些都让“外星人”在世界范围内深入人心，形象越来越丰富，话题长久不衰。

21 世纪的外星人很像 19 世纪的精怪，都是不羁想象的载体，但又有一点根本的不同：精怪的背后是被现代科学瓦解的传统神话，本来就建立在荒诞之上，任何艺术构思只要自洽即可；但是外星人的背后就是现代科学自身，是人类探索地外生命的终极问题，在文学叙事的自洽之外，还要不可避免地接受“是否科学”这种外部审查。

所以，当数不清的科幻电影用宏大的战争场面渲染人类与外星人激烈交战，多年苦心经营的社会财富毁于一旦的时候，除了“有没有外星人”这个基本问题以外，观众接着就会问：“外星人真的会来入侵地球吗？”

这的确是一个见仁见智的问题，不同的人从不同的角度出发会有不同的答案。大多数人面对这个问题都会开始思考外星文明的技术水平该是多么高超，我们面对他们该是多么愚昧落后，接着脑海中就浮想起当初的殖民者是如何在新大陆上大开杀戒，让美洲的古老文明毁于一旦。

当然，我们要约束讨论的范围：生命是一种运动形式，可能由任何物质载体实现，在这里，我们仅讨论宏观物质在电磁相互作用下表现出来的生命活动，以及由此衍生出来的智慧活动。这样的生命将与我们占据大致相当的时空尺度，并服从接近的统计规律。如果我们硬要构思一种完全超越一切人类经验的外星人，比如在光年尺度上由引力维持的星云生物，那么我们对它的一切想象，无论是侵略还是不侵略，就都变得没有意义了。

和平

在思考所及的范围之内，从我们已经接触到的世界来看，我的意见是：**如果外星人有能力抵达地球，那么他们最可能建立了温驯而和平的文明，**不可能像许多科幻电影，比如《独立日》那样出于对暴力的热衷而侵略地球。我们不应该想象一个文明在技术上高度发达，在伦理上却迟滞落后，或者说，我们首先应该思考的不是外星文明有多么发达的技术，而是什么样的外星文明才能有发达的技术。

自我驯化

文明与个体的关系非常复杂，**不只是个体缔造文明，文明也同样重塑个体**。对这个问题最重要的一点是：文明的发展，尤其是现代科学的成熟，将使整个社会变得温和非暴力——也就是经历了驯化。

我们应该意识到，任何发达技术都建立在复杂知识的积累上，这必然要求个体之间密切地交换信息：任何个体无论以何种手段获取知识，都不可避免地带有主观偏见，只有在个体之间大范围地交换信息，才能抹平这种误差，更加真实地再现客观世界的原貌——这就是为什么现代科学如此有效，因为它建立了一个制度严谨的共同体，任何具体的研究者不能决定认知的方向，即使生物学家崇拜上帝，物理学家笃信佛经，都不影响科学知识最终的纯洁。

为了抹除主观偏见，社会中的个体必须足够多样，所以思想自由对一个文明来说无比重要——仅就我们已知的情形来看，一个文明最包容、最多元的时代，总是它最繁荣的时代。这排除了《安德的游戏》《星河舰队》和《星际争霸》里“虫群文明”的可能：真社会性生物的本质，就是全部个体放弃自觉，达到高度的同质化，它们的群落无论多么巨大，都只相当于个体，它们的交流无论多么密切顺畅，都不能排除主观偏见——或者更明白地说，高度集权的政治是反智的政治。

进一步来说，无论探索知识还是研发技术，都是投入巨大而收效缓慢的长期任务，从事这些工作的个体无暇从事一般的生产，必须由其他个体供养。所以仅仅让个体组织起来还远远不够，还必须包含相当稳定的职业和阶级分化，即所谓国家。这就是科学能在工业革命之后的发达国家高速发展的原因：政府用丰厚的税收承担了高额的教育投资，还能给基础科研提供大量的经费。而强大国家必然执行的一项社会功能，就是用公权力取代私权力。就以我们这个国家为例，就算一个人杀了你的至亲，你也无权杀他报仇，甚至无权殴打他，你唯一的正确做法就是配合公检法，等待法律的裁决。甚至在遇到非法暴力侵害时，你的反抗权利也由法律赋予，超出法律规定限度的自卫仍然是违法行为。

个体之间密切交流并消除偏见，部门之间稳定配合以应对复杂的社会结构，政府权力强大公正以维护正常秩序，最终带来了科学和技术的繁荣，这都必将反映在伦理上——伦理不因为居于意识形态的顶层而变得虚幻，也不是人类这个物种特有的装饰，它是生物在群体生活中展现出的普遍行为，服从最客观的进化规律，也不以三体星人[①]的祖先经历了多么严苛的自然环境而转移：极端利己是独居者的惯例，但群体生活必须有利他行为才能持续存在。资源越充沛，群体越庞大，交流越密切，个体就越温顺，越能容忍其他个体，才能正反馈地使群体生活更加舒适、有效。

在灵长目中，黑猩猩和倭黑猩猩是两个最常见的比较对象：它们的共同祖先被刚果河分割成南北两个群体，北方群体与大

---

① “三体星人”出自刘慈欣的科幻小说《三体》，书中描绘的三体文明由于诞生在处于三体星系的行星上，需要面对极端恶劣的自然环境，经历了200次毁灭与重生。

猩猩高度重叠，激烈的竞争使它们暴力好战，极富攻击性，成为现在的黑猩猩；南方是一片水草丰美的伊甸园，悠闲的生活让它们终日以交配为乐，成为现在的倭黑猩猩。

所以，**和平既是文明发展的前提，也是文明发展的结果。**这在现代社会表现得尤其显著：技术的进步使人的物质生活丰裕而稳定，整个世界数十亿人都被产业熔铸成一个整体，任何两个人都被通信工具连接在一起。人与人的竞争高度抽象，失去了一切直接对抗，建立了最普遍的互利与合作。在我们崇尚“文明”的时候，“野蛮”在最大程度上指的就是“暴力”——短短500年之内，在当初西班牙殖民者眼中理所当然的种族灭绝，在现代人看来就已经成为不可饶恕的兽行。如果我们要想象外星文明在技术上领先于人类成千上万年，为什么要想象他们在克制暴力这样重大的社会事宜上会落后我们半个千年呢？

党同伐异

当然，这也有一些值得反驳的反对意见。

第一个反驳是生物的利他行为仅限于群体内部。蚁群内部的成员可以互相帮助同生共死，但是面对另一个蚁群的成员，就一定要拼个你死我活。这在人类身上更加复杂而极端，伦理和政治的全部内容除了互惠互利，几乎就是党同伐异：一个男人喜欢穿女装，这是他的个人行为，不会侵犯任何他人利益，但已经足以让大多数人将他划为异类，不再给予他通常的友爱，而开始苛刻地对待他，甚至惩罚、折磨他——在人类漫长的历史中，不同的人种、政权、族群、信仰之间展开了无数血腥残酷的战争。

那么，真的有理由认为，外星人不会把地球人视为异己而前来讨伐吗？

是的，我们的确有理由照亮《三体》构想出来的黑暗森林[①]。

① 在科幻小说《三体2：黑暗森林》中，作者引入了“黑暗森林法则”，描绘了宇宙文明的图景：宇宙就是一座黑暗森林，而每个文明都是带枪的猎人，一旦发现了别的生命就开枪消灭，因此任何暴露自己存在的生命都将很快被消灭。

党同伐异作为一种进化产生的行为，它的选择优势是在群体的层面上展开了更有效的竞争。如果对方与自己不存在可能的竞争关系，那么党同伐异就成了浪费精力，无论双方差异多大，都不是异己：在原始的狩猎采集阶段，狼、野猪与人的生态位高度重叠，有激烈的竞争关系，原住民就会将这两种动物看作“异己”，用对待外族勇士的态度对待它们。但是农耕文明一旦建立，过去的“外族勇士”变成了寄人篱下的猪、狗，我们就只会用“猪狗不如”这样的蔑称骂人，而绝不用“非我族类”这样的视角对待它们了——外星人与我们的关系必将是一种更加彻底的非竞争关系：**我们和外星人在整个时空上都没有可争夺的资源。**

尤其那些技术超级进步，有资本视我们为猪、狗的外星文明，非但不会视我们为异己，反而极可能用普遍的利他行为保护我们，因为智慧的第一要义就是属性从对象身上剥离下来，抽象为概念：暴力被视为野蛮是因为暴力的动机，这不受暴力的具体形式影响。针对人类的暴力是野蛮，针对动物的暴力同样是野蛮。西方日渐臃肿的《动物保护法》和《动物福利法》

绝不是在为动物着想，而是在更彻底地压制人性中的暴力，更普遍地培养人们的善良——这类实践相当成功，乃至今天许多欧洲人善良得疯了心，把难民视如己出。对于一个更加成熟的外星文明，我们也有很大的理由相信他们的利他行为有着更加广阔的外延。

我们“似乎”还应该考虑利他行为的另一种局限：如果抵达地球的外星人是一群“流放者”，他们就会比文明中的多数成员更加残暴，就像大英帝国派往殖民地的开拓者有一大部分都是危害本土社会安全的罪犯——这就关系到外星文明将以怎样的态度对待地球：是像澳大利亚一样毫无价值的不毛之地，只堪作囚禁罪犯的恶魔岛，最后毁了那里独特的生态，灭绝了袋狼？还是像木卫二“欧罗巴”的冰下海洋那样等待探索的处女地，需要小心观察、悉心保护——为了防止地球生命污染它？造价11亿美元的朱诺号探测器将在完成使命后投入木星自焚。

如果连你都认为后者是更可取的态度，那么更加成熟的外星人会和17世纪的大英帝国一般见识吗？

宗教

除了这类利他行为的局限，宗教是另外一个特别值得注意的问题——这里的“宗教”不仅包括人类社会中曾经出现过的任何一种或者几种宗教，还泛指一切获得世俗权力的非经验的认知，包括历史上的各种极权主义、个人崇拜的集体主义、舆论家煽动起来的暴民政治，等等。

宗教对任何文明都意义重大，从人类历史上看，社会凝聚、阶级分化、政权建立、伦理标定，都由宗教启动，我们也有十足的理由相信外星文明也经历过同样的阶段。

但宗教并不追求客观认知和有效实践，而将一切诉诸权威和经典。这首先使得权威的主观偏见无法被抹除，并且在漫长的岁月里越积越多；同时也不可避免地招致了各种意义上的权力斗争，集中表现为专制和教条，进一步压制了个体之间排除主观偏见的能力——现代文明的历史就是科学发展的历史，同时也是教权没落的历史。

而且也不像一般人误解的那样，宗教具有“教人向善”的社会功能，更加真实的情况是宗教把符合自身利益的行为定义为善，并且用教条维护它们，包括看似温和的次大陆宗教在内，宗教一旦掌握了实际的权力，与阶级和族群勾结起来，就能让任何残暴、愚昧和短视变成美德和正义，大范围地合法化。

所以宗教对于文明就如同胎盘对于人：文明需要由宗教启动，但必须脱离宗教才能发展成熟——我们不应该想象一个社会盘踞着教权阶级还能赢得高度发达的技术文明。今天的地球上大约有 200 个政权，宗教对世俗的干涉程度与社会的文明程度展现出了不可小视的负相关。

到这里，我们简单陈述了“一个在技术上取得了伟大成就的文明应该是一个理性而和平的文明”——但这只回答了问题的前半部分，很多人担心外星人会为了“掠夺资源”而殖民地球，毕竟当初的殖民者是为了追求财富才那样疯狂。所以更重要的是要回答“地球上最有价值的东西是什么，值不值得外星人掠夺”这个问题。

价值

这是一个对于我们自己也无比重要的问题：地球上最宝贵的资源是什么？

贫瘠的地球

“宝贵”就是“稀缺且有价值”。从最直接的物质意义上讲，稀缺首先来自元素丰度差异：黄金宝贵，首先就因为它是一种相当重的元素，宇宙中只有中子星合并这样的高能过程才能制造这类元素，所以它们在宇宙中的丰度极低——人类已知的金矿已经开采了 75%，可就算把这些黄金全部凑在一起，也只能熔铸成一个边长 21 米左右的小方块。重元素稀缺也就罢了，还总有各种丰富的用途，这给它们带来了天然的宝贵属性，越是先进的文明越需要品种齐全的重元素——这就是为什么很多科幻小说都描写外星人为了地球的资源前来劫掠。

事实上，地球作为一个岩石行星，重元素丰度的确相对较高，但远没有达到“奇货可居”的地步：地球质量并不大，重元素丰度虽高一点儿，但仍然很少，还随着活跃的地质运动下沉分散在整个星球深处，外星人降落到地球上采矿远不如随便找一个星周盘（circumstellar disk）[①] 打捞小行星更为痛快。千百光年外的外星人觊觎地球的矿藏，就像我们盖房子缺一袋水泥，摆着满大街的建材铺子不逛，偏偏起了歹心要去坦桑尼亚发动战争，从每个部落的篝火下面搜刮二两草木灰。

而且退一步讲，认为一个能量充裕到可以飞跃浩瀚星海抵达地球的外星文明还高度依赖从岩石中采矿，本身就是“太空人用高压等离子扁担挑粪”。至于担心外星人掠夺地球上的水、空气、有机物、地热资源，甚至跑到地球上吃人，要人类做奴隶去搬砖……我不想回答这样的问题。

在宇宙的尺度上，地球上的物质资源平庸而匮乏，无可掠

① 星周盘是指在环绕着恒星的轨道上，由气体、尘埃、星子、小行星或碰撞的碎屑堆积，构成花托或环状的物质。

夺，但这并不意味着地球上没有宝贵的东西，恰恰相反，我们坐拥整个宇宙最宝贵的资源：生命。

宝贵的生命

像生命这样复杂有序的低熵体在被热力学第二定律支配的宇宙中是非常罕见的存在。我们已经观测了恒河沙数一样的星辰，发现了无数个饱含重元素的超新星遗迹，岩石恒星也像雨后春笋一样频频露面，但直到今日都没有发现第二个生命世界——这就算不足以证明生命在宇宙中稀有，也至少证明了像我们这样的生命在宇宙中稀有。

生命不仅稀有，还拥有不可估量的价值，这不在于提供任何有形的物质资产，而在于它们提供了突破逻辑边界的策略。

对于任何一个文明，技术进步的重要意义怎样强调都不过分。技术进步必然地依赖理论进步，但理论进步又绝非易事。我们已经申明了科学作为认知的重要意义，它的可靠性建立在两块基石上：系统客观的观察和严密有效的推论——我们通常把后者称为“逻辑”。

逻辑必须严密，这让科学的语言不可避免地走向了形式化，表现为数学工具在诸学科中的广泛应用。同时也让逻辑成为连续的链条，无论怎样演绎都不能有一处中断。面对未知世界所有的问题，这就像用分形填满空间一样，是不可能的任务。特别是在应用最广泛的谓词逻辑中，哥德尔不完全性定理还勾勒出了一个无法跨越的逻辑边界：任何包含了自然数的谓词逻辑体系，要么有不知道真假的命题，要么有自相矛盾的命题。

理论发展当然不会因此走上绝路，我们不断跳出已有的逻辑链条，探索从未触及过的可能，让我们有机会另辟蹊径，柳暗花明，豁然开朗，这就是科学家不能被机器取代的原因：人的行为并不总被逻辑约束，随时出现的非理性常能帮助我们挣脱边界的束缚——我们把这种现象称为“灵感”，这也是人类思维最独特、最有魅力的部分，它们就像思维的种子，不断发展为新的体系。

但科学家的灵感远不是突破这些局限的唯一途径，甚至不是最佳途径。灵感可遇而不可求，而且人类不可能想象没有见过的事物，灵感不能突破人类认知的局限。我们需要更充沛、更持续的种子来源——这就是观察：无论多么智慧的思维，都不可能比整个客观世界蕴含更多的可能，所以从现象中提炼理论，将永远是认知的第一步和最关键的一步。

在所有可观察的客观事物中，包括人类文明在内的生命现象又是最值得观察的一类。

生命是进化的产物，进化的动力是随机突变和自然选择。任何一种形式的生命，都遇到巨细靡遗的种种挑战，小到维持细胞内的某种分子浓度平衡，大到应对捕食者复杂的猎食策略。但进化本身不受意志干预，生命唯一的办法就是不断涌现出巨量的突变，这些突变在反馈中推广或者排除，最后令每一个物种都高度精确地适应具体的环境。

换句话说，生命的生存，就是提出可能的理论（随机突变），实践它们（自然选择），直至找到合适的策略（形成性状），却又要比任何文明的认知实践都来得更加宏大。丰富多样的生命是宇宙中最复杂的存在，每个个体都是自然科学的大型综合实验，这是一种永恒的超越价值。仍显稚拙的“仿生学”只是沧海一粟，每年受生物启发研制的新药物和新材料也只是九牛一毛，细致入微地观察生命就像聆听宇宙的教诲，是可遇而不可求的宝贵机会。

所以在另一个技术昌明的文明世界，外星人会以怎样一种态度审视这个陌生而生机勃勃的蓝色星球呢？我想他们只会派出大卫·爱登堡爵士（Sir David Attenborough）①，以充满好奇的目光，小心翼翼地观察这些生命和文明奇迹，而不是哥伦布船长②以野蛮的暴行把这里搞得一塌糊涂。

这里需要特别指出的是，许多人认为人类是地球的破坏者，

---

① 大卫·爱登堡：英国著名BBC电视节目主持人及制作人，实地探索过地球上已知的所有生态环境，不仅是一位杰出的自然博物学家，还是勇敢无畏的探险家和旅行家，被世人誉为“世界自然纪录片之父”。
② 克里斯托弗·哥伦布：意大利著名航海家、探险家，是地理大发现的先驱者。

是“癌细胞”，所以还有一大批科幻作品描绘了外星人将为了保护地球的生态系统而消灭人类。我们姑且不去讨论这个比喻是否恰当，但是我们要明白，在另外一双旁观的眼睛中，人类文明不管如何作为，都是地球生命最客观的组成部分，而且是最复杂的那一部分。观察一个文明如何发展，如何遭遇挑战，如何应对挑战，将是比观察一般生命形式更加宝贵的经验——如果一个文明内部之间的交流都能促进知识进步，如果地球上的文化多样性都值得保护，那么跨天体的文明多样性该是何其珍贵的资源？

所以我的意见是：即便存在一个强大的星际文明，能轻易抵达宇宙的每个角落，建立了一个银河帝国，地球最可能的地位也将是“文明保护区”，以其独特的研究价值和标本价值受到保护，置于隐蔽的监视之下，排除外来生命，尤其是外来文明干扰。恰如我们在丛林中划分自然保护区，限制一切开发，埋伏摄像头，悄悄观察灵长动物最自然的样子。

无尽的挑战

即便姑且不考虑生命和文明身上蕴含的无限价值，回到“黑暗森林”中来，它的核心假设是宇宙中资源有限，宇宙中的文明必须“先下手为强”铲除异己，否则后进文明一旦技术爆炸，就可能率先占据有限的资源。但在现实中，这整个链条都难以成立。

在我们这个宇宙中，生命远比资源稀缺，文明又是所有生命形式中最稀缺的那一类，这令可利用的物质资源在宇宙尺度上表现为富足而非稀缺。即便相信了“宇宙中物质资源有限”这个假设，我们也没有理由认为这会给具体的文明带来多大的困扰：文明在漫长的岁月中会遇到来自内部和外部的无数挑战，这些挑战中的任何一个都比“耗尽宇宙中的物质资源而灭绝”更现实、更迫在眉睫，这不以文明的发达程度而改变。

与此同时，文明是一个群体，群体中的每个个体都有各自的利益，他们必将因此结成不同的群体、组织、阶级，解决各自的困难，争取各自的诉求。我们不应该把一个文明想象成一个人，认为他能统一自身的一切行动，像积攒养老费一样，将末日诉求排上日程表的首位。

在宇宙尺度下将其他文明视为物质资源的竞争者、视为异己，这意味着单方面无限制的军备竞赛，这将比冷战时的苏联更加泥足深陷，无穷无尽的维持成本就足以将这个疯狂的文明置于死地。相反，在旗鼓相当的文明之间建立良好的沟通，将使生命和文明的潜力得以充分发挥——文明要经历漫长的光阴，我们不应该想象它们会受扼于单次博弈的囚徒困境。

同刘慈欣本人的意见一致的是，“黑暗森林法则”是一个专为小说服务的概念设定，我们没有理由认为这代表了宇宙中的普遍情形。但是在一本出色小说的支持下，黑暗森林在很多人心目中成功地模糊了现实和虚幻——这倒是“宗教”体现出的那种情形。

宇宙的难民

科幻作品还经常构思一种“星际流亡”，即出于某种原因，一个文明的母星不再适宜居住，他们被迫成为宇宙难民，因此试图征服地球人，取而代之。

对于这种情况，我的意见是：一个有能力在星际之间长期维系的文明，必然是一个高度发达的文明，对即将到来的灾变不会毫无准备，为了应对不可预期的未来，他们只会更加行事审慎，组织严密，像守护火种一样维持文明，我们不应该将它想象成毫无组织的盲流难民，像蝗灾一样。

我们还应该意识到，**是生命适应环境，而非环境迎合生命。**企鹅不会觉得南极冷，骆驼不会觉得沙漠热。许多人歌颂地球有着适宜的温度、分明的四季、稳定的磁场、成分合理的大气、比例适当的海洋和陆地、足够活跃的地质运动，还有月亮稳定自转，带来潮汐——这统统都是生命对环境的适应。即便假设星际流亡者的母星是一颗岩石行星，我们也没有理由认为那颗行星就与地球精确相同，他们适应母星上的生活就不会同时适应地球上的生活。

但是另一方面，生命又有改造环境的能力，这在文明身上尤其强大，那么对于一个有能力星际迷航的文明来说，任何一个岩石天体，只要轨道稳定，表面温度不过于极端，就足以建立永久的基地——对于地球这样一个不起眼的天体来说，我们有极大的概率能期望它们在发现地球之前就结束了迷航，重新返回了常态。

就算假设一个不可能的事件：来自地球复制品的流亡文明第一站就抵达了太阳系，那么他们的定居首选仍然不是地球。火星和木星的几个大卫星都是更好的选择，那里引力更小，靠近小行星带丰富的矿藏，又濒临外太阳系充沛的水资源与核燃料。

而地球则恰恰相反。如我们已经讨论过的，就物质资源而言，地球是一个相当平庸甚至可称贫瘠的天体，地球上的生命对于外星人来说也只有研究价值而没有实用价值，因为外星人和我们拥有完全不同的物质组成及代谢需求，就算他们要呼吸，我们的大气成分也不可能那么凑巧就适合他们。到头来，他们还是要建立一个常规的封闭式基地——除非他们愿意舍弃地球生命宝贵的研究价值，不惜赌上风险与我们决一死战，背负巨大的开发成本和伦理负担，重塑整个地球的生态系统——这又是何苦呢？如果对地球做这一切都不费吹灰之力，那么他们又有什么理由偏偏相中了地球呢？

所以我的意见是：星际流亡者更加审慎的策略是在太阳系内其他天体上建立永久基地，然后小心地观察地球文明，在必要时与地球文明取得沟通，以了解这个星球的原著文明是如何适应了这里的环境。

结语

在繁忙的生活之中拨出罅隙，写下了这篇问答。我知道对于这样一个复杂的问题，这区区万字仍然不堪大计，也不可能无懈可击，所以我一反往常地使用了许多“我的意见”表达自己的看法。

人不能想象自己没有见过的事物，面对无限的宇宙、浩瀚的星海、纷纭的生命，每个人都会发出不同的感慨，这在极大程度上影响着他对这个问题的看法。

于我自己而言，对科学和艺术的双重爱好让我看到了万物最美的一面，文明在这个时代的进步让我对人类的未来充满了乐观的态度。我以对生命的挚爱看待这个世界，以文明的审慎思考这个问题，以最大的真诚回复这个问题，才有了你看到的这个答案。

所以在最后，我的意见是：不要吝啬你的赞赏了。

Q3：
在过去 40 年，为什么人类再也没有登上月球？

来自 @NASA 爱好者的回答：

这是个好问题。

1972 年 12 月，当阿波罗 17 号的宇航员飞离月球时，很多人以为我们很快会重返月球。但是我们没有，阿波罗项目的设施被遗弃在月球表面已超过 45 年，成为历史的遗迹。

对很多人来说，太空竞赛好像久远的历史，有人怀念阿波罗计划的光辉岁月，有人认为任务从未发生过。

1969 年至 1972 年，阿波罗 11 号至 17 号，共计 12 名宇航员在 6 次任务中登陆过月球，这是大多数人所注意到的 NASA 取得伟大成就的一面，而不太留意的是两次大的危机。

两次危机

在阿波罗计划执行期间，在阿波罗 13 号前往月球的途中，服务舱的氧气罐发生爆炸，飞船失去大量氧气和电力，不得不放弃登月，三名宇航员以登月舱作为救生艇，最后在地面人员的指挥下，安全返回地球，可以说是一次“顺利的失败”，在纪录片《NASA 任务 50 年》以及电影《阿波罗 13 号》里有真实的描述。

此外，在 1967 年 1 月 27 日，当阿波罗 1 号在实际发射场景的模拟检测时，在纯氧压力情况下，三名宇航员在舱内模拟操作。不幸的是密封的飞船里面起了火，30 秒内就夺走了他们三人的生命，事故的原因是宇航员格里森（Grissom）座椅底下的电线漏出的一点火花，在氧气的助燃下蔓延开来，这是 NASA 自成立以来遭遇的最严重危机。

时代背景变了

阿波罗登月计划是NASA迄今为止最庞大的登月计划，源于1957年10月4日，当苏联将第一颗人造地球卫星斯普特尼克1号（Sputnik 1）送入太空后，震撼了整个西方世界，美国人异常不满，要求政府立即采取行动，他们说："这些人连冰箱都造不出来，他们怎么能将卫星送入轨道？"在太空探索中，苏联人领先了一步，同时开启了美苏两国的太空竞赛。

为了打败苏联人，NASA计划将人类送入地球轨道，并开展了水星计划，然而苏联人又比美国先一步将加加林[①]送入太空。美国人也不甘示弱，1962年肯尼迪总统就为美国太空计划制定了一项新的目标，宣布了阿波罗登月计划："10年内，我们要让宇航员登上月球，并安全返回。"

而随着冷战的结束，美国和苏联不再需要通过你争我抢的

① 尤里·阿列克谢耶维奇·加加林（Yuri Alekseyevich Gagarin）：世界第一名航天员，苏联红军上校飞行员，是第一个进入太空的地球人。

方式进行太空探索，转而进入合作共赢的方式（尽管还有竞争），例如国际空间站的建设。

阿波罗计划不可持续

阿姆斯特朗[①]于1969年7月20日在月球上迈出的一小步，这是我们首次离开地球，真实地踏上月球。从整个文明的发展史上来说，这是人类迈出的一大步。

我们大多数人能记住的可能只有第一个登月的阿姆斯特朗，最后一个离开月球的尤金·塞尔南（Eugene Cernan），以及第二个踏上月球，安全返回及踏上地球的第一人，也是第一个站在月球上撒尿的巴兹·奥尔德林（Buzz Aldrin）。

但这背后是50多万人十多年来不断创新工作的成果，实现了第一次将人类送入地球轨道、第一次太空行走、第一次轨

① 尼尔·奥尔登·阿姆斯特朗（Neil Alden Armstrong）：美国宇航员、试飞员、海军飞行员以及大学教授，第一个踏上月球的宇航员，也是第一个在地球外星体上留下脚印的人。

道机动等等。

阿波罗计划耗资巨大，在 1960 年至 1973 年期间，花费 194.08 亿美元，当时 NASA 的总预算金额为 566.6 亿美元，占比约 34%。在 1964 年至 1970 年期间，占比均超过 50%，最高时达到 70%。[①]

另外，在阿波罗计划实行期间，最高的一年花费占到联邦预算的 4.41%，而如今 NASA 全年的预算约为联邦预算的 0.5%。[②]

总之，阿波罗计划严重影响了美国空间科学和空间应用领域的发展，迫使美国重新考虑下一步的航天目标。

小布什（George W. Bush）在任期内制订了星座计划，这项计划是在 2020 年前人类重返月球。但奥巴马认为星座计划太过昂贵，在任期内取消了该计划，希望在 21 世纪 30 年代将

① 数据来自：https://history.nasa.gov/SP-4029/Apollo_18-16_Apollo_Program_Budget_Appropriations.htm。
② 数据来自：https://en.wikipedia.org/wiki/Budget_of_NASA。

人类送上火星。而最近特朗普的顾问们希望 NASA 在三年内将人类送往月球轨道。一任总统，一任政策，这对关心月球探索的人们是件好事。

商业太空的繁荣

如何才能重返月球？优先发展太空商业化，譬如 NASA 的商业合作伙伴轨道科学公司（Orbi 他 / 她 l ATK）和太空探索科技公司，已经可以将补给从美国本土运送至空间站，未来还将实现美国本土载人至空间站。

还有把太空当作商机的，譬如谷歌月球 X 大奖赛（Google Lunar X-Prize），吸引了全球优秀的工程师、科学家以及创业家们参与。

NASA 前局长博尔登在一次演讲中预计，在未来的六年，美国将有千余家遍布各州的公司从事 NASA 的商业太空活动。

这才是一种可持续的太空探索方式。

02

科学知识就是力量……但你其实并不了解它！

Q4:

如果史前的各种顶级掠食者幸存至今，会进化出高级智慧吗？

来自 @ 刘大可先生 的回答：

有这样一种广泛存在的误解：进化就是攀登一架梯子，每个物种都处于这架梯子不同的位置上，单细胞的原核生物是这个梯子的底层，有文明的智慧生物是这个梯子的顶层。如今，我们智人已经捷足先登，爬上了顶层，其他生物还在中途苦苦奋斗，但只要给它们足够的时间和机会，它们最终也会抵达阶梯的顶端。

从这种误解出发，人们时常叹惋或者庆幸那些史前的优势物种被灾变灭绝，否则今天在互联网上展开遐想的就该是那些物种了；另一些自信且更加明智的人则会嘲讽这种想象，指出进化没有方向，智慧是纯粹偶然的产物，没有理由认为它会在历史的其他可能中重演。

然而我们很难说他们双方是对是错。**进化既不是攀登阶梯，有终极目标；也不是纯粹的随机事件，没有任何方向。**

进化的方向

进化的动力是随机突变和自然选择——前者提供了进化的素材，后者决定了进化的方向。这个概念似乎有些抽象，但在一组经典案例的帮助下，这将是显而易见的事实：在水中动作敏捷的游泳者总是拥有流线型的身体。根据动力又可以分成几类，以舵式游泳者为例，最经典的例子是鱼、鲸、鱼龙和沧龙。

这些物种虽然都是脊椎动物，但是在亲缘上很远，如果与现存物种比较，与鲸关系最近的是河马或者猪；与沧龙关系最近的是巨蜥或者蛇；鱼龙已经没有关系较近的类群，它们是蜥蜴和鸟的共同祖先的旁支。

但是我们看到，经历了漫长的岁月，这些原本形态迥异的生物逐渐趋于相似，同样获得了流线型的身材、强劲的尾鳍、侧面成对的胸鳍和垂直固定的背鳍。

这类殊途同归的进化现象被我们称作“趋同进化”，当它与古生物学和胚胎学等学科中描述的现象联系起来，就十分清晰地演示了“自然选择决定进化方向”这一概念：生物在每一次世代繁殖中都会出现无数可能的突变，这些突变固然没有确定的方向，但每一个物种都生活在具体的环境中，承受具体的选择压力。经过长期的生存竞争，生物的性状就会向着对抗这些压力的“最优解”逼近。当不同的生物遭遇了相似的选择压力，就会在逼近共同的“最优解”时进化出相似的结构。

当然，一个具体的物种不只面临一种选择压力，内部、外部的所有生物因素和非生物因素都将以不同的方式塑造它们的性状。我们将物种与外部环境的一切关系的总和称为“生态位”，这是一个 N 维空间中的超体积，不仅包括了物种在三维空间中占据的体积，还包括了物种对温度、湿度、光照、各种化学物质等的适应，以及物种与生态系统中其他物种的相互关系。

尽管物种和生态位之间充满了反馈，关系非常复杂，但我们可以姑且认为进化就是物种不断适应某个生态位的过程，这使得在一个稳定的生态系统中,每个物种都占据着独一无二的生态位。

比如虎是现代生态系统中公认的顶级掠食者，它的生态位非常复杂，一些重要因素包括居住在茂密的森林或丰草中，习惯于在夜间活动，以大中型食草动物为食，猎物比自己长跑更快但短跑更慢，它们因此在进化中出现了发达的肌肉和锋利的爪牙，以制服猎物；出现了视杆细胞密集而具有反光层的眼睛，能在昏暗中发现猎物；出现了条纹图案的皮毛、厚实的足底、可缩回的指甲和匍匐接近猎物的习性，以缩短进攻距离、避免长距离追踪。

只有先理解了这些基本概念，我们才可能认真地讨论宏观进化。

顶级掠食者

我们应该及时地总结一下顶级掠食者占据了怎样一类生态位，以及它们将会体现出怎样的进化趋势。

首先，顶级掠食者是指那些占据了食物链最高营养级的掠食者，或者说，它们有能力捕食周围的大多数物种，同时不被其他物种捕食。现代顶级掠食者大都来自脊索动物门的哺乳纲。在陆地上，食肉目熊科的多数成员（大熊猫的地位有些尴尬，它们虽然是凶猛且缺乏天敌的熊科动物，但是以素食为主）、猫科的大型物种、犬科犬属的灰狼，都是各自生态系统中的顶级掠食者；在海洋中，偶蹄目的大型齿鲸，如抹香鲸和虎鲸，也都是无争议的顶级掠食者。此外，一些鱼类、猛禽和大型爬行动物成年后没有天敌，比如大白鲨、角雕和短吻鳄，也被视为顶级掠食者。

观察这些动物，我们不难发现一个鲜明的进化趋势：顶级掠食者总是体型庞大，拥有锋利的爪牙和发达的肌肉，运动总是很敏捷——这条规律普适于整个显生宙[①]。

这也并不是什么难以理解的事情。对于被捕食者，体型大、运动快、力量强、体表硬，都有利于躲避敌害，这是它们普遍的生存之道，那么更快、更强、够锋利也就成了捕食者的优势性状，是它们的制胜要诀。这在进化中构成了一种强烈的正反馈，犹如攻守双方的军备竞赛，顶级掠食者就是这场竞赛的冠军保持者。

但“冠军”并不是一个容易卫冕的头衔。掠食者每次狩猎获得的能量必须超过它狩猎时消耗的能量，强壮的肌肉和硕大的体型都意味着大功耗，因此顶级掠食者只能捕食大型猎物。

然而，攻守之势，生死攸关，瞬息万变，只有在最短的时间内杀死猎物，才有生存下去的机会。这就让肌肉和爪牙成了

① 显生宙是开始出现大量较高等动物以来的阶段，包括古生代、中生代和新生代，从大约 5.4 亿年前延续至今。

顶级掠食者的不二法门，连陷阱和毒药都无法在短时间内杀死大型猎物。猎物可能逃脱，可能死在其他捕猎者势力之下，甚至可能痊愈。

一个罕见的例外是印度尼西亚小巽他群岛上的科莫多巨蜥，它们生活的几个岛屿上有很多大型食草动物，比如水牛、鹿和山羊，却没有其他大型食肉动物与其竞争。巨蜥的新陈代谢比较慢，不需要吃得太多，因此成为悠闲的顶级掠食者。它们与蛇的亲缘较近，唾液中含有血液毒素，同时还有约 50 种毒性很强的口腔共生菌。它们会突袭咬伤猎物，令猎物严重失血并患上败血症，经过长达几天甚至数周的跟踪才最终吃到猎物。

但在绝大多数环境中，顶级掠食者养成了对暴力的绝对依赖，在进化中走上了一条不归路：它们所有的进化潜力都会消耗在几种单一的性状上，直达生理的极限，其余大多数性状都丧失了发展的机会——我们将这种现象比喻成“进化的单行道”甚至“进化的死胡同”。

“进化的死胡同”的另一个经典案例是刀嘴蜂鸟（Ensifera ensifera），它们以管状花的花蜜为食，嘴越长越容易吃到花蜜；而管状花长得越深，越能让刀嘴蜂鸟凑近它，接触更多的花粉。结果刀嘴蜂鸟的嘴比全身都长，除了花蜜什么都不能吃了；管状花也长得太长太深，不能有别的授粉者了。

所以不难理解，为什么顶级掠食者总是无法在灭绝事件中幸存下来。它们太特化，太适应某种具体的生态位，一旦环境突变让大型猎物减少，它们就只有死路一条。甚至当更加强大的竞争对手出现，顶级掠食者也不能撤退到更低的营养级上，因为更小的猎物根本无法果腹。

进化的势垒

这让我们非常关心“智慧”在顶级掠食者身上是哪种情形，是像毒素那样不济事，还是像肌肉和锋刃那样不可或缺——这就有些复杂了。

我们口称的**“智慧”实际上专指“抽象思维”这种复杂神**

经活动，此外的语言、工艺、伦理、逻辑、创造、信仰等任何一种可能被归入智慧的矫饰的概念，都是它的衍生物。具体来说，抽象就是将属性从对象上剥离下来，提取为概念的认知能力。这需要极端发达特化的神经系统，目前只有人脑的额叶达到了这一地步，其他脊椎动物的额叶大多羸弱，甚至没有。而在脊椎动物之外，我们还没有发现复杂程度能与我们相较的神经系统。

也就是说，当我们讨论“能否进化出智慧”的时候，实际上是在讨论“神经系统能否进化得极端发达，具有抽象能力”。一般认为，发达的神经系统能组织更加复杂的条件反射，这不仅能有效提高捕猎的成功率，还能更机智地躲避各种威胁，非常有利于适应更加复杂多变的环境，所以在整个进化史上，神经系统也有强化的趋势。

但是相比运动系统，神经系统的强化要迟缓得多。这是因为神经活动相当耗能：兴奋在神经元的突触上传导将会改变细胞内外的离子梯度，为了让神经元及时迎接下一次兴奋，细胞膜上的钠钾泵就必须马不停蹄地将钾离子运进细胞，同时将 1.5 倍的钠离子运出细胞。

人类大脑仅此一项生化活动就消耗了全身 13% 的能量，连同其他代谢在内，人脑消耗了全身 20%~25% 的能量。而且神经与肌肉不同，它们在静息状态下也不会明显降低功耗，这就像在体内埋下了一个不断吞噬能量的黑洞，这就是为什么小体型和素食的动物总是更愚蠢，因为它们承担不起这份辛苦。

另一方面，神经系统在高功耗的同时并不总是物有所值。自然界年复一年的变化对于个体来说相当缓慢，物种处于具体的生态位中，需要由神经系统提供必需的生存技能，但在此之后，无论获取更多的食物还是躲避更多的敌害，或者繁殖更多的后代，都只需要运动、消化、表皮、生殖等系统重复实现这些技能，长出更发达的神经系统并不能带来明显的增益。

我们于是看到了一种相当明显的“边际效益递减”：神经系统是绝大多数动物的生存必需，但过分发达的神经系统不但无法带来额外的收益，还可能造成严重的饥饿。

这就是为什么神经系统的强化趋势在进化中总是弱于其他系统。现代掠食者固然聪明一些，但也有限，比如食肉目的大部分物种不能理解“连接原理”，未经训练就不能明白扯绳子的一头能让绳子的另一头跟着动，人类据此开发了好多猫玩具。

同时，大脑不像多数器官那样功能专一，而要分化成许多区块，分别负责不同的功能，包括各种各样的感觉和运动，记忆、情绪和决策，语言、逻辑和意识，等等。一个羸弱的大脑单纯地增大，可能会同时增强这些功能，但在能量摄入有限的情况下，接下来就只能优先强化急需的模块——这就意味着在我们身上带来了无穷适应性的那种“智慧”并非大脑发达之后的必然产物，而是大脑诸多特化方式中的一种情形。非洲象大脑最发达的是负责听觉和记忆的颞叶，既配得上那对大耳朵，也能在漫长的生活中记住沙漠里所有水源的位置；狗有一对发达的顶叶和一对饱满的嗅球，能帮助它们协调运动，识别数百万种味道，寻找食物，并且识别群体成员；而当一个顶级掠食者需要更加发达的神经系统时，它首先需要强化的也是这类与感官和运动密切相关的区块，而不是抽象能力这种“屠龙技”。

所以神经系统的发达程度与适应性并非简单的正相关，下面这个理想化的曲线图（图 1）表示的是动物神经系统逐渐变得发达而对生存成本产生的影响，横轴以下代表降低生存成本，即优势；横轴以上代表增加生存成本，即劣势。

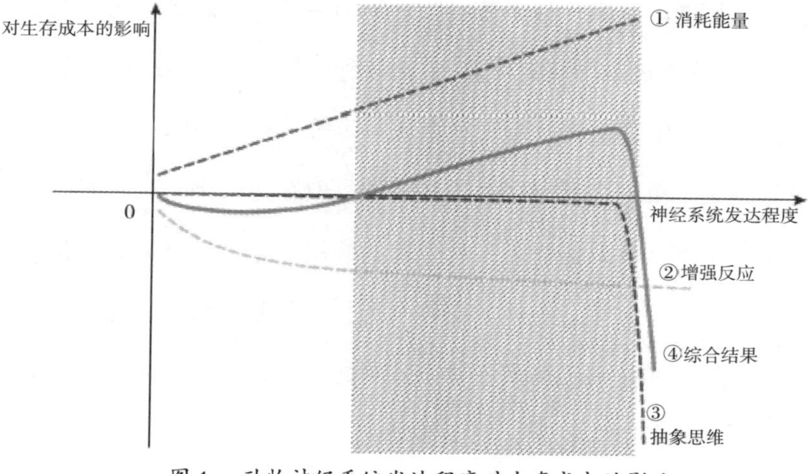

图 1　动物神经系统发达程度对生存成本的影响

线条①代表神经系统消耗的能量越来越多，这将显著提高生存的成本；

线条②代表神经系统增强了动物的反应能力，这会降低生存成本，但效果递减；

线条③代表神经系统产生的抽象思维能力，这会极大地降低生存成本，但只有在极端发达的神经系统中才会出现；

线条④代表这些影响的综合结果，也是就是它们的叠加。

我们看到在较低的程度上，发展神经系统会带来优势；但优势会逐渐消退，超过某个阈值就开始表现为劣势，即中央的阴影区；直到在非常高的程度上，突然出现的抽象思维又会带来巨大的优势，冲出阴影。这个曲线图表示了一种理想情况，而不是某个物种真实的进化史。

物理学上，我们将两个极值点之间的高势能区域称作势垒，本文就将上图中的势垒称为**“神经系统的进化势垒”**——它格外地高耸险峻。由于宏观上的进化总是向着降低生存成本的方向进发，因此在这个势垒的阻挡下，神经系统的进化就会停滞在左边的白区里，不能进入右边更广阔的天地中，就像斜坡上的小滑块被一堵墙挡住，显生宙 5.4 亿年的浩漫进化只有一个物种成功地翻越了它。

类似的进化势垒也广泛出现在其他各种结构上。比如越发达的肌肉越有利于制服更大的猎物，捕获更大的猎物又可以长出更发达的肌肉，这似乎是一个简单的正反馈，但在真实的自然界中，并非一种猎物连续占据了所有的尺寸，而是不同的猎物离散地占据了不同的尺寸。正所谓瘦死的骆驼比马大，一种掠食者已经能制服最强的兔子，但要制服最弱的羚羊还要增长不少力气，更大的力气意味着更大的体型，可能会妨碍隐蔽和机动性，而且尝试新的猎物就要和更强大的掠食者斗争，这些困难都可能形成势垒，让掠食者停留在某个尺度上，专心经营针对某一类猎物的捕食策略。观察肌肉发达程度逐渐变得发达而对生存成本产生的影响，可以发现随着体量增长，物种遇到的猎物和对手都不同，就会出现波浪形的曲线，如图 2 所示。

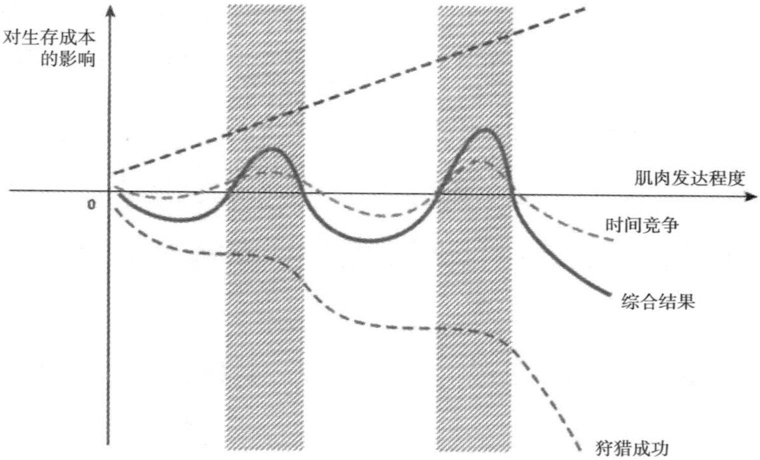

图 2　肌肉发达程度对生存成本的影响

所以更进一步而言，在进化的尺度上，正是各种形状的势垒将物种约束在一个个具体的生态位中。但这些进化中的势垒并非无法克服的障碍，对于那些较小的势垒，物种可以凭借随机突变直接翻越过去，就好像液体从剧烈摇动的杯子里溅出去；而较大的势垒也可能因为某些事件变小变窄，进入到随机突变可及的尺度下。

仍以掠食者们的肌肉为例，当灭绝事件消灭了更强大的掠食者，使猎物变得更多更丰富，就会提高狩猎成功率，势垒因此降低，哺乳动物因此在恐龙灭绝之后迅速发展起来，成为新的顶级掠食者；又或者某些掠食者进化出了大有裨益的生理结构，不需要增加很多力量就能制服更大的猎物，势垒就会缩窄，通常认为食肉目比更古老的掠食者们——尤其是肉齿目，更加灵活敏捷，因此后来居上地占据了食物链顶层。

在此提示下，我们的问题又变成了这样一种表述：要如何才能突破神经系统的进化势垒？顶级掠食者能否达到这一成就？

智慧的起源

经过了前面三个部分的讨论，我们才开始逐步正式回答这个问题。

首先，“史前的各种顶级掠食者都在进化中幸存至今”本来就是一个相当不可能的假设，因为在任何一个稳定的生态系统中，“顶级掠食者”都是一个具体的生态位，容不下两个物种，在陆地总面积相对恒定的前提下，我们无法构思一个如此多样的地球能容下这么多的顶级掠食者。同时，一种顶级掠食者的存在常常会否定另一种顶级掠食者的存在。这可能表现为地理和气候上的矛盾，比如一个北美存在暴龙的地球会非常温暖，容不得两极有冰，北极熊因此就消失了；或者是时空因果上的矛盾，比如一个存在丽齿兽的地球将不会经历二叠纪晚期大灭绝，也就将无法迎来引鳄的崛起。如果要让奇虾幸存至今，我们至少得假设世界上没有脊椎动物……

所以为了让我们的讨论还有回旋的余地，我们不得不姑且假设数量众多的平行历史出来，在每一个平行历史中，都有一些顶级掠食者以惊人的幸运避开了所有可能的危机而绵延至今，在这些绝大多数的平行历史中，人类都会因为剧烈的变化不再有机会问世。

在这些平行历史里，我们会发现顶级掠食者们或许经历了比现实历史长得多的进化历程，但它们绝少转向另一种进化方向，而会继续在肌肉和爪牙这条暴力的单行道上越走越远，直达食物链能量传递效率和生物材料所能允许的极限。我们大可以想象，暴龙没有在白垩纪晚期灭绝，因此变得更加巨大，甚至成为能捕食巨型蜥脚恐龙的超级掠食者。它们的智力很可能会因为体型增大而共同进步，但我们在绝大多数的情况下都不应该想象它们能因此获得智慧，神经系统那道高耸的进化势垒将严格地限制住它们。

但那些“绝少数的情况”并非不重要，反而恰恰是整个问题最重要的部分，它几乎重申了上一部分结尾处的疑问：人类在今天掌握的暴力超过一切顶级掠食者，我们是如何突破了神经系统的进化势垒？

这在以往恐怕是个诘难，但在今天已经变得相当明确。尽管有利的因素非常多，但只有社会能让我们决定性地突破神经系统的进化势垒，是**社会让我们拥有了智慧。**

“社会”这个概念没有太明确的定义。通常来说，任何自我繁殖并在时空内延续的群体都可以称为社会，但这未免太过笼统了，它同时包含了现代国家这样极度复杂的组织形式，也包括了一个蚁穴那样森严的高阶有机体，包含了塞伦盖蒂大草原上迁徙的角马群，还包括了大西洋里庞大的沙丁鱼群。

所以，我们将社会限定为那种成员之间没有显著的生理分化，但具有稳定的职能分工，并以即时交流完成协作的群体。这样一来，除了以人类为代表的大部分灵长目物种以外，具有社会的动物还将包括食肉目的狮子、狐獴、鬣狗科全部物种和犬科多数物种，长鼻目的象，偶蹄目的鲸下目，等等。膜翅目昆虫通过生理分化实现了比人类还高的社会性，可惜它们的脑子太简单了。

作为群居的高级形式，社会生活能带来许多显著的益处。因为在资源有限的情况下，协作的专才永远比分散的通才更具优势。正如我们在讨论势垒时看到的，任何具体的性状都不会只有优势，体型大既代表了强劲的力气、巨大的动能，也意味着更难加速、不易隐蔽。

比如，雄狮的体重可达雌狮的两倍，而且长着发达的鬃毛，这使它们难以靠近猎物，狩猎成功率很低。而狮群这样的社会生活就抹除了这种劣势：雄狮在多数时候并不负责狩猎，但以狂暴的力量驱散了狮群附近的所有竞争者，保证了狮群在食物链上的至高位置，并且在狩猎结束后击退前来抢劫的鬣狗，保卫胜利的果实；而雌狮虽然体型略小，但动作更加灵活，也更善于协作，它们负责了大多数的狩猎任务，并且在每次大规模狩猎时都根据个体间的体力差异，负责惊扰、驱赶、追击、扑倒等不同的职责，在面对特大型猎物，比如长颈鹿和非洲象的时候，它们还会邀请雄狮帮忙——狮群的成员可以达到30只以上，这让狮子超越所有竞争者，成为热带草原上顶级的掠食者。

但为了恰当的协作，社会中的个体就必须充分地交换信息，在识别成员、划分等级、协调利益的行为中，观察、判断和决策的复杂程度也大幅提高了，社会动物需要更加发达的神经系统，或者说，格外发达的神经系统能给社会动物带来额外的优势，这会向右推动那个势垒，并且降低它的高度，结果就使社会动物更加聪明。在图3中，“社会生活”这条负线决定性地缩小了神经系统的进化势垒。

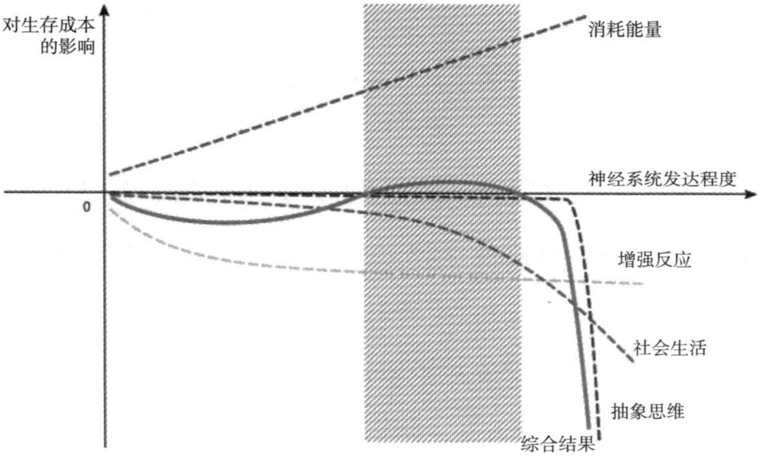

图 3　社会生活状态下，动物神经系统发达程度对生存成本的影响

这种效应在灵长目中尤其明显，这个类群最基础的生活模式可以概括成“群居的树栖动物，以树叶和果实为生，偶尔以小型动物补充蛋白质”，这带来了复杂的社会结构，警戒、探查、觅食、防御、战斗都要由个体负责，而且为了分配各种有限的资源，灵长动物先天地善于划分阶级。

因此毫不意外的是，当我们研究了各种灵长目的大脑，拟合各种性状与大脑发达程度的关系之后，社会规模果然是相关性最强的那个，甚至超过了体重的影响：大猩猩的社会规模在

15 头左右，新皮层是大脑其余部分的三倍多；人类的社会规模大约是 150 人，新皮层是大脑其余部分的四倍多。

于是在灵长目大脑的进化史上，我们看到了一组极具潜力的正反馈：智力越发达，越能组建更大的社群；社群规模越大，越能弥补个体的力量缺陷；个体的力量缺陷越被弥补，越能负担更大的脑子——它让人属物种最终击破了横亘在智慧前面的势垒，这是显生宙进化史上唯一的一次。

也正是如此，社会生活给我们的智慧留下了深刻的烙印：即便是完全相同的逻辑关系，我们思考社会问题也总比思考抽象问题来得敏锐，这就是为什么网民总能在社会问题下面唇枪舌剑、游刃有余，而在科普内容下面就“费脑子”。

最后的回答

我们将在这里正式讨论那两种“绝少数情况”，完成问题最后的回答——这已经变得相当轻松了。

是否有顶级掠者能突破神经系统的进化势垒？

鉴于进化史上唯一一次成功经验，我们会将希望寄托在那些经营着社会生活的顶级掠食者身上。这样的例子要比想象中的丰富，即便只考虑脊椎动物中最活跃的那些，这样的例子也出现得很早。显生宙刚过了不到一半，大约从 2.5 亿年前的兽孔目身上，我们就能找到集群狩猎的掠食者，比如犬颌兽（Cynognathus）类，它们是现代哺乳动物的叔祖。二叠纪陆地生态系统的主导者，但由于年代久远，我们缺乏清晰的认识。

中生代的情形要明朗很多，许多大型兽脚类恐龙都被推测有社会行为，比如犹他盗龙属、艾伯塔龙属，以及著名的恐爪龙属，集群狩猎能帮助它们制服更大的猎物。

新生代的社会性掠食者就非常多了，仅以食肉目来说，更新世的斯剑虎属（Smilodon）就以群体狩猎，这意味着密切的协作，如同如今的狮子一样；犬科和鬣狗科也普遍以家庭为单位活动，这是延续了两三千万年的古老传统。

但是相比灵长目的社会生活，这些大型掠食者组建的社会在翻越神经系统的进化势垒时要乏力得多，这仍然是因为我们在第二部分里讨论过的原因：大型掠食者必须以大型猎物为食，社会生活固然能增加捕猎的成功率，降低捕猎成本，但社会生活也意味着分割利益，群体过大会显著减少个体收益。我们人类每天都在深刻地体会着个人利益和集体利益的剧烈冲突，这在顶级掠食者的世界里还会更加严重，因为食物链传递能量的效率非常低，每升高一个营养级，至少要损耗 80% 的能量，它们因此面对着更加严峻的资源问题，这严重限制了顶级掠食者的种群密度，使社会生活的正反馈大打折扣。

比如一头成年狮子每天可以吃掉 10 到 40 公斤的鲜肉，一个 20 头的大型狮群每天就要消耗 200 到 800 公斤鲜肉，相当于一两头斑马，一年就要消耗数百头斑马，必须巡猎数百平方公里的广袤土地——如此巨大的成本让它们的社群规模无法太大，顶级掠食者只要还是顶级掠食者，就始终处于一个狭窄的进化单行道上，它们转向的机会太少了。

所以那些食谱比较广泛，或者说杂食的社会动物才是更有希望的类群，比如人类的祖先大猿就是一群吃得极杂的动物，从树叶、果实、种子到昆虫、青蛙、幼鸟等小型动物，再到偶尔集群捕获的大块猎物，什么都吃，这在缓解取食压力的同时保证了营养供给。

这也暗示着那些具有杂食习性的顶级掠食者，或许还有一线转机。比如灰狼虽然以大型食草动物为主食，但在食物短缺的季节也不拒绝狐狸、兔子、老鼠、蜥蜴这样的小型猎物，甚至不拒绝野果和块根。它们当中小体型的亚种或许能在某个严苛的时期以杂食渡过难关，顺势进入一个新的生态位，逐渐走上灵长类的道路——但这样的事情在3000万年的时间里都没有发生过，所以我们称它为“绝少数情况”。

如果让我在灵长目之外寻找一种最有希望进化出智慧的物种，我会选择狐獴，也叫猫鼬。它们生活在南非的卡拉哈里沙漠，主要以昆虫为食，但也捕捉小型爬行动物，还会吃植物。它们一个社群的成员可以多达40只，有着周详的分工，包括领袖、哨兵、繁殖者和觅食者，用复杂的声音信号互相交流——甚至还有相当灵巧的手指。如果历史赐予它们一块温暖湿润的土地，它们或许能负担起更加发达的大脑。

那么，**在那些假设的平行历史中，人类是否还会出现?**

结合第三部分和第四部分的讨论，人属物种既不是靠着顶级掠食者的宝座拥有了智慧，也不是因为顶级掠食者缺席才发展壮大。恰恰相反，相比多数动物，我们高大而软弱，缺乏爪牙和护甲，肉质细腻又营养丰富，一些顶级掠食者甚至专门爱吃人属物种。在更新世，亚洲的硕鬣狗、非洲的恐猫都有非常适合咬开我们颅骨的巨大下颌。

是的，我们这个物种一直都和顶级掠食者们共同生活着，那些阴影中袭来的恐惧直到今日还笼罩在我们的梦魇中，由于我们不断适应新的环境，繁荣昌盛地活着，它们却随着气候和环境的变迁，在单行道的尽头化为尘埃。

然而提起单行道，又岂止顶级掠食这一种情形？第四部分结束时，我们看到了灵长目身上那种潜力巨大的正反馈，这个正反馈在人属物种身上达到了最强，将我们推上了另一条笔直的单行道：智力发达和社会生活互相促进，弥补了力量上的缺陷；而力量上的缺陷刚好给智力发展节省了能量，进一步促进了这组正反馈。结果就是我的力量越来越羸弱，越来越依赖智力和社会，最终爆发出了智慧，如图 4 所示。

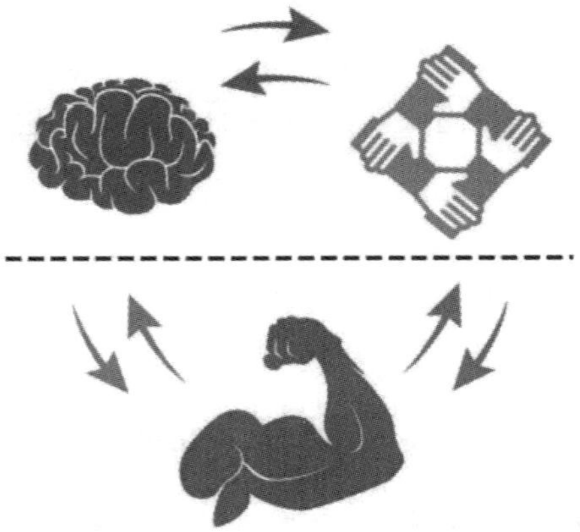

图 4　智力、力量和社会的关系示意图

这也就意味着，在恰当的生态位上，智力发展同样可以进入单行道，也就是神经系统进化势垒结束后那条迅速下坠的曲线。所以我们要回答那些假设的历史中是否还有人类，最关键的不是要考虑那些假设中幸存的顶级掠食者有多么强大，而是要考虑那些假设是否会摧毁我们历代祖先适应过的生态位。

然而幸好这次提问不是“人类的进化史”或者“为什么只有人类进化出了智慧”，所以不管这些具体的假设是什么，本文只列举一些人类进化史上最重大的全球事件。

古生代和中生代的任何假设都可能在未来诱发显著的蝴蝶效应，让一切变得不可预料。为了让灵长目能顺利出现，我们武断地拒绝了白垩纪之前的一切假设，或者说，人类和白垩纪之前的顶级掠食者在因果时空上不共存。

530 万年前到 258.8 万年前的上新世，南北美联合，非洲和欧亚大陆碰撞，这些板块运动切断了全球海洋中的环赤道暖流，南极环流封冻了南极大陆，大西洋的北赤道暖流变成墨西哥湾暖流，给北极输送了大量的热水，促进了北极冰盖的形成，全球气候因此变冷变干，非洲的森林退化成草原，一部分大型灵长动物开始从树上下来，走出森林。到约 280 万年前上新世末期，最早的人属物种出现了——改变了这一连串事件的假设，也会抹除人类。或者说，因为这些事件灭绝的那些顶级掠食者，在气候和地理上都不能与我们共存。

在 258.8 万年前到 1.2 万年前的更新世，人属在东北非顺利发展出多个物种，大约在 250 万年前学会用石头制造工具，这增加了获取食物的渠道，它们的社群规模变得更大。由于更新世气候变动，撒哈拉沙漠会周期性地进入湿润阶段，允许人属物种通行，它们从直布罗陀海峡和红海两个方向走出非洲，其中较早成功的包括盘踞在欧亚大陆西方的尼安德特人（homo neanderthalensis）和向东扩展的直立人（homo erectus，包括北京猿人）。我们作为智人（homo sapiens）这个物种出现得较晚，由于生态位类似而被尼安德特人排挤，困在东非到阿拉伯半岛一带。

直到 6 万年前，智人在协作和竞争中率先获得了更大的额叶，获得了最强的抽象思维能力，表现出了完备的“行为现代性”：我们用宗教和语言团结了超过百人的巨大社会，借此研发了复杂的工艺，开始垂钓、烹饪、交易、制造复杂的工具、创造艺术品，等等，标志着晚期智人（homo sapiens sapiens）亚种形成——趁着5万年前的莫斯特雨期，我们冲出了非洲，席卷了整个地球，灭绝了大批大型动物，包括许多顶级掠食者。

所以那些更改了这些关键节点的气候与地理变化的假设，也可能让人类无法最终出现，但这主要集中在非洲，那些其他大陆上因气候变化而覆灭的顶级掠食者们，很可能在某些假设中保留下来。

毕竟在此之后，这个星球上就再也没有什么顶级掠食者能阻挡进击的智人了。

Q5:

自来水不能直接喝，水果也不能直接吃，为什么用自来水洗过的水果就能吃呢?

来自 @ 植物人史军 的回答:

先说一个核心原则：凡是脱离剂量谈安全的，都是耍流氓。

如果你不赞同这个核心原则，那么就不用继续看以下文字了，因为这是讨论这个问题的基础。

好了，现在我们可以开始讨论，为什么“自来水不能直接喝，水果也不能直接吃，但是洗过的水果就能直接吃”了。

水果上的自来水比刷牙吞下去的少多了

自来水真的不能直接喝吗？当然能！

直接饮用自来水的风险来自微生物（细菌、藻类）、有机化学物质和重金属。在自来水从自来水厂出来的时候，这些检测指标肯定都是合格的。按理说，自来水就应该是能直接饮用的水，或者说自来水不用烧开也能喝。

那么，为什么我们不直接喝自来水呢？

那是因为自来水还有潜在的二次污染问题，比如自来水管道在长期使用后，有可能存在一些藻类的污染，接触自来水的容器有可能遭受微生物污染。再加上，长期以来，人们都采用烧水这个办法来对抗井水和自然水体中的寄生虫和细菌，习惯的力量是巨大的，要想改变并不是那么容易。

举一个明显的例子，那就是每天我们都要刷牙，刷牙的时候也会吞下不少水，这些水可要远比挂在水果上的水多得多了，但我们也没有因此生病啊！

要注意，烧开水最主要的目的就是杀灭其中的细菌，如果本来就没有细菌，那烧开水的意义就小了很多。即便是通过把水烧开的方式解决了病菌问题，但化学物质的问题也没办法解决。所以，烧水的意义正变得越来越小。

有人说，喝凉水会拉肚子。我可以保证，即便是像我这样一个肠胃娇气的人，每一次去非洲旅行，在半个月时间里除了热汤就没能喝过一口热水，也从来没有拉过肚子。

水果上的污染物并没有大家想象的那么多

水果上的污染物主要是农药和寄生虫。

首先说说寄生虫和病菌。大多数植物其实并不存在此类风险，因为果实高高在枝头，再加上现在流行的套袋栽培技术，果实其实是相当干净的，并没有直接的微生物污染。

剩下的就是农药问题。目前，在我国农业领域使用的农药，只要按照规则使用是不会有问题的。等到水果上市的时候，农药基本上都被降解了，也就没有过多的污染。况且，市场监督部门也在兢兢业业工作。

透露一个小细节，每次寄给我评测的水果，我都是开箱就吃，苹果、冬枣、葡萄还有梨，肯定没有清洗，到目前为止从来没有出过问题。

通过以上分析，现在看起来，问题就简单了。我们吃下去的自来水量少且无害，吃下去的果皮也量少且无害，那就没啥问题了啊！

如果大家觉得心里有道坎，实在过不去，那就不妨洗洗

建议流水冲洗即可，什么放盐、放碱、放面粉、放油的都没有用。简单地说，添加这些东西也无助于去除农药残留，还不如流水冲洗加揉搓更好。

Q6：

掌握什么鲜为人知的物理知识，可以让自己显得很牛？

来自 @ 科普君 XueShu 的回答：

一

在中学物理中，大家都习惯了做受力分析。这种分析需要你仔细地画图，生怕不小心落下一个。但是后来有位著名的物理学家拉格朗日——对，也正是高等数学课本里的那个家伙——发明了一种方法，可以完全不用画图，从而建立了一门学科，叫分析力学。

在现代前沿理论物理中，几乎看不到受力分析的身影，你看到的都是拉格朗日！

二

一般人都知道，杨振宁因为宇称不守恒定律获得了诺贝尔奖，但很多人不知道的是，宇称不守恒定律跟杨振宁最重要的物理学贡献比起来，简直是小巫见大巫。

他跟米尔斯（Mills）合作（以杨的贡献为主）建立了以他俩名字命名的方程杨·米尔斯理论（Yang–Mills Theory）。

它有多重要呢?

它是描写电磁波的麦克斯韦方程组（Maxwell's equations）的某种升级版，是基本粒子标准模型的基石。

它背后的数学也更复杂更先进，甚至被数学家用来解决了数学领域里非常重要的难题。

不夸张地说，这是一个可以跟广义相对论里的爱因斯坦方程（Einstein's equation）并驾齐驱的方程。

美国权威科学大奖富兰克林学院奖（Franklin Institute Awards）是这么评价它的：这个理论模型，已经跟牛顿、麦克斯韦、爱因斯坦的工作是同一级别的，对后世也必将有深远的影响。（This theoretical model, already ranked alongside the works of Newton，Maxwell，and Einstein,will surely have a comparable influence on future generations.）

著名物理学家弗里曼·戴森（Freeman Dyson）说，杨振宁是我们这一代物理学家中的领头鸟。用伟大来形容杨振宁的贡献一点都不过分。

三

由于种种原因，杨振宁并未第二次获得诺贝尔奖，但这丝毫没有降低他的发现的重要性。要知道，爱因斯坦被授予诺贝尔奖也与相对论没有任何关系。

杨·米尔斯理论描述的尺度非常微小，很难像描述黑洞之类的爱因斯坦方程一样做形象的科普，因此大众对此的了解非常有限。这是很可惜的事。

物理学史辉煌灿烂，以中国人的名字命名的贡献屈指可数。杨振宁一下子把中国人的名字镌刻在一个如此耀眼的位置，实在是不可思议。

四

不管是爱因斯坦的广义相对论还是杨·米尔斯理论，现在都是用拉格朗日发明的那套东西建立的。

五

广义相对论的爱因斯坦方程描述的是极大尺度下黑洞之类的天体。杨·米尔斯理论描述的是极小尺度下的基本粒子。但是作为最前沿的弦理论的一个副产品，物理学家非常惊讶地发现，某个特殊时空中的爱因斯坦方程竟然跟它边界上的某种版本的杨·米尔斯理论是等价的!

两个理论的词汇一一对应（更专业的说法叫引力/规范场对偶），仿佛一个辞典，这个辞典让物理学家们欣喜若狂。

有时一个在杨·米尔斯理论中极为棘手的问题，如果翻译成爱因斯坦方程，就变得容易多了！反之亦然。谁都没有想到，爱因斯坦方程竟然焕发出了这种活力。这种等价性尚未完全证明，但它引发的研究热潮方兴未艾。也许它打开了一扇通往未来物理学大一统理论的门。

Q7：

现代科学是否足以解释世界，是否给神的存在留有余地？

来自 @ 刘大可先生 的回答：

关于前半个问题，不幸的是，**现代科学还不能解释整个世界**。这首先是因为科学诞生不过 300 年，而健全的现代科学体系才建立了不过一个世纪，年龄尚浅，更重要的是因为用科学解释现象的标准非常严苛，远远超过宗教、哲学、神秘主义或者其他任何一种认知。

举个例子，我们提问：“闪电是什么？”

要用科学回答这个问题，第一就需要提出一个“闪电是云层积累电荷达到极高电势后雪崩击穿了空气，形成了一段分支状的电弧”这样的假说，第二观察现象、设计实验、分析数据、撰写论文，交给其他物理学家和气象学家审查，第三发表论文，等待更大范围的物理学家和气象学家提出反对意见，第四观察现象开始重新来过，直到再也没有人能提出有效的反对，这才建立了一个公认的科学理论。

但是对于宗教来说，就只需要一个德高望重的长老站出来说“那是神在发怒！”这个问题就算回答完毕了，至于神为什么发怒，在怎样的情况下发怒，发怒以后怎么发出闪电，那就完全取决于长老有没有心情多讲一些故事，如果他非要说“神的旨意不可揣测！”卑微的信徒们又能有什么办法呢?

如此看来，现代科学背负起这么沉重的标准负担，似乎应该解释能力更差才对。然而事实恰恰相反，这样严格的标准将所有科学家的智慧系统地集中起来，成为人类自有文明以来最强大的认知体系，我们的认知范围从普朗克尺度的基本粒子到近千亿光年的可见宇宙，从决定意识的复杂神经活动到形成晶体的规律分子排布，从阿秒[①]瞬间的化学键断裂到百亿年光阴的横行演化——现代科学对这个世界的认识必然还会不断加深，这毫无疑问。

在这里，当然不可能用只言片语向读者阐述现代科学的伟大，但对任何一个具体的问题来说，现代科学给出的那个回答总是当前最好的回答。对任何一个具体的问题来说，如果现代科学还无法给出回答，那么其他任何认知也不能给出回答——这对于宗教的拥护者来说是个惹人生气的观点，但是此处也不予辩驳，我想用罗素爵士的一段话引出下文。

我想说两件事，一个关于智慧，一个关于道德。

关于智慧，我想这么说：当你研究某个事物，或者思考某个观点的时候，你只能问自己事实是什么，以及事实揭示了什

① 又称“阿托秒”，相当于10的负18次方秒，其作为一个理论上的时间量程而存在，是一种新发现的“时间切片”，可以用来表示原子核内部作用过程的持续时间。

么真相。永远不要被你愿意相信的，或者你认为有会对社会有利的观念引诱。只是纯粹地去审视事实是什么。这就是我关于智慧想说的话。

关于道德我想说……我得说爱明智、恨愚蠢。在这个联系越来越密切的世界里，我们要学会容忍他人，我们必须学会接受一个事实——总有人会说出我们不想听的话。我们只有这样才能共同生活。如果我们想要一起生存而非一起灭亡，我们就必须学会这种宽容与忍让，因为它对人类在这个星球上的存续至关重要。

——罗伯特·罗素，1959 年 BBC 的采访

(I should like to say two things，one intellectual and one moral.

The intellectual thing I should want to say is this:When you are studying any matter,or considering any philosophy,ask yourself only what are the facts and what is the truth that the facts bear out.Never let yourself be diverted either by what you wish to believe,or by what you think would have beneficent social effects if it were believed.But look only,and solely,at what are the facts.That is the intellectual thing that I should wish to say.

The moral thing I should wish to say…I should say love is wise，hatred is foolish.In this world which is getting more closely and closely interconnected we have to learn to tolerate each other,we have to learn to put up with the fact that some people say things that we don't like.We can only live together in that way and if we are to live together and not die together we must learn a kind of charity and a kind of tolerance which is absolutely vi 他 / 她 l to the continuation of human life on this planet.

——Bertrand Russell,during BBC interview,1959)

所以不妨将后半个问题的结论摆在前面：现代科学作为认知，先天地不承认一切超自然存在，拒斥一切神灵，对抗一切宗教，这不因为“科学发现了什么”，而因为“科学是什么”——换句话说，无论有没有量子论，抑或任何一种理论，**现代科学都容不下神**。

我们首先应该区分三个概念：知识、科学和科学知识。

“知识”的定义非常简单，就是那些被人确信，并用来解释现象的理论，比如现代人用“地球自西向东转”这个理论解释“太阳东升西落”，基督徒用“神造万物”这个理论解释“地球上有生命”。而获取这些理论的行为，就是“认知”——也就是说“所有的知识都是理论”（注意：“1+1=2”是个形式化的定义，它表示“1之后的下1个自然数是2”，而“平行线不相交”则是个理论。我们的确可以找到相交的平行线，比如在曲面上）。

“科学”的定义就相当复杂了。科学哲学的一切任务就是讨论“什么是科学”，然而这门学科直到今天都没有消亡，所以这里只提出一些简单的概括：科学是一种认知方式，它将可观察的现象作为可靠性的最高裁决。科学哲学的大部分议题都是我们应该如何执行这种裁决，以及这种裁决正在如何执行。

“科学知识”就是用科学获得的知识，比如我们在古生物学、遗传学、分子生物学等学科的具体实践中得出了进化论，再用进化论解释生物在历史中发生的变化——因此要格外注意，我们在中小学通识教育中学到的都是“科学知识”，要到大学毕业成为研究生，从事具体的科研活动之后，才开始领教什么是“科学”。换句话说，对于那些不从事科研的人来说，他们就只能接触到科学知识，而参与不到科学本身中去。所以一个人可以在掌握很多科学知识的同时对科学本身一无所知，这不幸地成为绝大多数人的真实写照。

到这里，我们实际上已经回答了这个题目：科学既然将一切知识的可靠性建立在可观察的现象上，那么一切建立于“超自然”的理论都不能与科学相容——因为“超自然”这个概念先天地蕴含了“不可观察”。耶和华、狐狸精、天使抑或是真气，这些超自然事物都有一个共同特点，即不能拿出任何有效果的观察方法，一个人可以把撞鬼经历说得声情并茂，可以把对神爱世人说得涕泪横流，但他绝对无法告诉你怎样观察鬼魂或者上帝，只能寄托于“心诚则灵”的想象力。

也就是说，神只要不可观察，科学当中就没有它的位置，一切源自神的理论也都不能被科学视为知识，不能用来解释其他现象；反之要把神纳入科学的体系，那就必须承认神是“可以观察的现象”，那么神就不再是神，而是客观世界的普通事物了——比如在人类学下属的宗教学当中，神就只是特定人群中的文化、心理和符号现象，不再具有任何超自然力量。

所以针对这个题目本身，我们要重新申述一遍答案：只要神不肯不当神，那么无论有没有量子论，抑或任何一种理论，现代科学都没有给神留下任何位置。

然而，事情并没有就此结束，我们接着就要面对一系列重大问题，下面只给出最扼要的回答：

宗教和科学都宣称自己能够解释整个世界，凭什么科学就更可信？

因为只有科学能履行它的承诺。它说要解决饥荒，就用人工固氮在化肥所到之处消灭了所有饥荒；它说要指引道路，就以 GPS 在 5.1 亿平方公里的地球表面将我的位置误差缩小到 1 米之内，让我们一开手机就知道最近的摩拜单车在哪里。如果拜菩萨真的能求子得子，我们也就不需要试管婴儿了。

在科学上不可观察就等于不存在吗？

是的，在科学上不可观察就等于不存在。因为现代科学已经将“可观察”等同于“可以影响客观世界”，那么“凡能影响客观世界的存在都可观察”，所以“不可观察的存在就不能影响客观世界”，这个谓词本身就是不存在的定义——如果你一定要相信一个不能影响客观世界的存在，那么不妨搜索一下

“车库里的龙”。

的确有成比例的科学家相信宗教，这说明了什么？

这说明了现代科学体系已经非常完善，足已抵抗具体操作者的主观意见：科学家自己关上门来信什么都行，但只要从事公开的科学研究就无法使用任何宗教观点，引述宗教观点作为论据就意味着研究不能通过评议，意味着研究作废——也就是说，科学家可以信宗教，但科学并不会因此有所改变，就好像一个人可以讨厌英语，但六级考试不会因此允许他写拼音。事实上，相信宗教的科学家不但不多，而且在崩溃式地减少。

“伟大”科学家回答结果的比较			
是否相信有可以影响世界的上帝	1914	1933	1998
信	27.7%	15.0%	7.0%
不信	52.7%	68.0%	72.2%
怀疑或者不关心	20.9%	17.0%	20.8%
是否相信人类灵魂不灭			
信	35.2%	18.0%	7.9%
不信	25.4%	53.0%	76.7%
怀疑或者不关心	43.7%	29.0%	23.3%

数据来源：《自然》杂志 1998 年的调查

罗马教廷承认进化论，朱清时把量子论套入佛教，这是否意味着科学和宗教能够兼容?

这恰恰是在公众舆论中，宗教攻击科学的强大手段。现代科学建立在漫长而艰苦卓绝的学习和探索之后，它的语言总是抽象而晦涩；宗教却从诞生的那一天开始就软硬兼施笼络每个阶层的信众，它的语言总是生动而雄辩。宗教利用了公众在科学语言上的相对无知，利用了自己在媒体舆论中的强大影响，做出先科学一步的姿态，甚至是攀附科学，抬高自己。

当现代科学的实践者呕心沥血用微积分、拓扑学、群论等等复杂的数学工具研究高能物理并结出累累硕果的时候，他们却坐享其成来一句“物理学已步入禅境”，这就如同在无法通往景区的小路上私收过路费，还要指着远方说一句：“看见那座山没有？这条路是去山顶的近道，大师在那里等着呢，这座农家院就是他办的，买点儿大师的纪念品吧？”

最后，现代科学能解决终极关怀和道德问题，而且更加胜任，但是与本问题关系较远，这里更加从略，只引用我在自己书中的一段话：

人类解释世界的欲望从来不逊色于生存的欲望，但世界是那样的错综复杂，发现其中的规律漫长而艰巨，远远超出了苏美尔人力所能及，这招致了一种最深刻的惶恐不安：世界笼罩着一层拂不散的迷雾，自己的行为会招致怎样的结果无从推测，一想到那些已经发生过的灾祸在未来仍然可能发生，就仿佛置于身汪洋中的扁舟上，水面下却游弋着庞大的黑影不知为何物。

每每陷入这样的不安，任何看似规律的东西都会像救命的稻草一样不可捐弃，人们不断以它为标准诠释自己的观察，并且构思很多故事使其圆满，以便能重返真理的彼岸。这来之不易的彼岸因此弥足珍贵，容不得他人破坏，于是无知、困惑、神秘、教条，这个循环的链条就概括了人类在历史上绝大多数的认知过程。

03

听过了很多道理……
这一生也能过得很好！

Q8:

面对攻击、嘲讽甚至是谩骂，怎么平复内心的孤独、心酸与委屈？

来自 @罗永浩 的回答：

是不是开始创业后，要面对被人“攻击、嘲讽甚至是谩骂”的情况？

我尝试从实用性的角度来回答这个问题，供所有创业者和从事需要面对公众的职业的从业人员参考。

“童年的委屈”就不说了，长大后，这类经历我确实也有过几次。比如跟某位朋友闹翻后，发现有几个之前在三观方面貌似值得信任的朋友选择了站队而不是选择是非，并用最大的恶意揣测自己；比如跟某位消费品企业做维权斗争后，发现一大批之前被“流氓企业”欺负得鼻青脸肿的消费者反而指责“炒作”“别有用心”……理论上，遭遇类似情况时，一个正常人，即便是成年人，如果没有经过心理方面的专门训练和调整，感觉到“孤独、心酸与委屈”这类心理伤害，都是很自然的。

以下是解决上诉问题的常见方法，相信对读者们也管用。实际上，下面的这些方法，也是解决人生的大部分苦难（特别是心灵上的苦难）都有效的方法。

不承认

不仅对外绝不承认受了伤害（除非是某些情况下故意选择战术性示弱），对自己的内心也要尽量做到“不承认”，没事的时候就对着自己吹吹牛:“这点小事怎么可能伤害到我？”“说来也怪，我这个人啊，特别不容易有负面情绪！”

不要怕幼稚，没人知道你内心的独白。自我暗示重复得多了，自己也就信了；只要自己相信了，就没事了。不要低估积极心理暗示的力量，它虽然没有一些“心灵鸡汤”里说的那么神奇，但确实可以使人变得很强大。

认清自己，了解原理和机制

在受到伤害的时候，想想自己本来是那种天生心理脆弱、容易受伤害的人，还是“以前那么多事情都没能把我怎么样，但这次实在太气人了”。如果是前者，压力大的时候还是建议找心理医生辅导，否则很可能会出现问题。如果是后者，硬着头皮多扛几次就好了，很多所谓“内心强大”的人，只不过是经历的挫折比你多，“脱敏”后对伤害无感了而已。

保持心理健康

要相信在某些情况下，别人伤害你其实是因为他们不理解，或不明真相，而不是因为坏。如果你觉得这种情况从来没发生过，如果你觉得他们真的全都是坏人，你可能需要看心理医生。

寻找温暖、热血的牛人

万一不幸，身边没有能够沟通、信任的人时，想想那些远方的、书本里的、古往今来的你坚信值得信赖并为之感到温暖或热血沸腾的牛人，这会让你相对容易地捱过心理上的低潮期。

对于没有宗教信仰的人来说，找到这种能为你提供精神支撑力量的目标对象是一件格外重要的事，所以平时我们应该多看书。如果你觉得世界上根本没有这样的人物，你很可能需要看心理医生。

立志成为那种能输出温暖、热血的牛人，如果这对你有激励作用，就好办了。为了未来成为牛人，我们当中的很多人都可以忍受常人难以忍受的事情。

经常反省

被伤害的时候，要经常想想“是不是自己的错”。如果确实是自己的错，或自己也有错，被伤害的情绪通常会被愧疚这类情绪取代。一般说来，后者对大多数人都是更容易接受的。

在这个意义上，严格的甚至是挑剔的自我反省也是值得尝试的。

如果你觉得你每次都是正确的，每次错的都百分之一百是别人，你一定要看心理医生。

要有一些类似精英意识和使命感一样的东西来支撑自己。

“原谅他们，因为他们所做的，他们不知道。”

“人生最大的不公平，是智力上的不公平。为什么要跟这些不幸的人生气？”

你可以有一些类似的想法，这些念头只是偶然性的内心私密活动，所以不需要太在意或苛求自己改进。没有人可以长期面对大规模的无辜指责和伤害后不积聚负面情绪。你需要一个没有危害的发泄出口。当然，如果发现自己长期处于心理活动不健康的状态，就需要警惕。

温暖、热血、牛气和三观端正的鸡汤

要成为毫无心理负担的欢乐流氓，是需要天分的。

否则，即便完成了蜕变过程，幸福指数通常也不会太高——如果是非对你没那么重要，你甚至可以认为这是人性的漏洞。对正常人来说，温暖、热血、牛气，还有三观端正的心灵鸡汤，才是捱过人生苦难，找到幸福的终极之道，比如罗曼·罗兰的名言：“世界上只有一种英雄主义，就是看清生活的真相之后依然热爱生活。”

最后的最后，一定要记住，绝不公开承认自己受了伤害。只要你不公开承认，你就是无敌的。

Q9:

明白了哪些道理之后，会对整个人生都产生重大的影响？

来自 @ 琢磨先生 的回答：

这个问题挺有意思的。

第一个改变我的道理是：不要“量入为出”。

我觉得，“量入为出”这句话基本上迷惑了好几代中国人。我记得早些年，在我们考试的时候，大家还会在答卷中批判美国人“提前消费”的观念。但是，今天的中国人，哪个不提前消费呢？比如买房子，除非被迫无奈，谁会傻到自己全款去买房？而量入为出的人，财富都被稀释了。这是使我改变很大的一个理财观念。如今，我坚持这个理念：能借银行的钱就绝对不花自己的钱。

第二个道理是：赚钱是一个过程，而非一个结果。

我过去总是急着想赚到一百万、一千万，然后就能怎样。如此一来，人就会患得患失。而我现在的态度是：只要我有赚钱的能力就可以了。只要我活着，我就可以赚钱。这样想，人会平和很多。所以，我现在从来不设定自己的赚钱目标。

第三个道理是：每次想跟别人发火的时候，想想是不是对别人赋予了过高的尊严。

这句话使我很少对人发脾气，因为我觉得对很多人生气是不值得的。或者说，他们哪有资格让我发脾气呢？发脾气这种行为，往往需要对方是跟自己匹配的，比如自己在乎的人，自己研究的学术领域的专家，这些人对我的忽视才会让我难受。

但是对于大部分人来说，我实在想不出在他们身上浪费时间生气的理由。这也是我在微博上从来没跟人吵过架的原因。

而在大家普遍接受的观念中，倒是有很多我不认同的，可以随便说几个。

误区一：认识人多，就牛

很多人以为认识的人多就很牛，或者认识的人多，别人就可以帮到自己。这种天真的想法就跟我年少时“希望每个中国人都给我一块钱，自己就能有几个亿”一样幼稚。不信的话，你可以去朋友圈里卖个东西试试，保准没几个理你的。事实是，你认识的人多，就没法去培养感情，愿意搭理你的人反而更少。

这年头，很多人凑一起就是图个热闹，遇到别人，“一言不合”就加个微信好友。我过去也加了不少微信群，群里也有不少牛人，有明星、主持人。但那又怎样？人家又不理你。此处应该再祭出一句名言：只有你自己牛，才是真的牛。这句话的意思就是，人家跟你交往的热情，往往取决于你的价值，哪怕这个价值是特别擅长陪聊，特别擅长出主意，特别愿意埋单。而没有自身价值存在感的社交，纯粹是“打酱油”。即使你认识再多的人，一旦遇上事情，大家就都作鸟兽散了。

所以，不要投入太多精力在社交上。社交会耗费掉大量的精力。即使你能在微信群里谈笑风生，在各种派对上衣冠楚楚又怎样呢？别人也只是把你当作一个玩偶而已。有这份精力，不如多去充实自己，多读书，多思考问题。不必去迎合每个人，不必逢场作戏，不必讨每个人的喜欢。

认识人千万，不及真爱一个。

误区二：对自己好，就是喜欢自己

落寞很久的人很容易产生这样的错觉：发现别人对自己好，特别是异性，就以为那是爱，其实没准对方对谁都好；觉得对方跟自己挺暧昧，没准对方说话的模式本来就是暧昧。所以，很多时候真不必大惊小怪，以为爱情降临了——或许那只是人家平常的交往方式罢了。

我来告诉你真相：这个世界上，确实有一些人特别擅长暧昧，让每个人都觉得对方跟自己有意思，雨露均沾，但又人人不沾身。所以，不必幻想她/他会爱自己。你可以想想，如果自己是个异性，你会爱上现在的自己吗？如果连你自己都不会，别人怎么可能会轻易看对眼？

别人对自己好，要感激。但是，要是动不动就把这当成爱情，那就真是太不把自己当外人了。

不是每份好的情感都要发展成爱情。我们要好好交朋友，别胡思乱想的，也不要轻易表白。本来好好的朋友，无话不谈，但在你表白后，关系就会开始变化，各自纠结与爱恨纠缠，控制猜忌与嫉妒怨恨都齐刷刷涌上心头，在各种失落、暴躁与争吵后，绝交于江湖，此恨无解。

没多一个恋人，却失掉一个朋友。

误区三：好朋友，都是对自己好

有人觉得，好朋友就一定不会害自己。这事可不一定。

好朋友知道自己的糗事多，更容易分享你的尴尬。很多人遇到令人愤怒的事情，脑袋里一团乱麻的时候，第一个念头往往是找人倾诉："他对不起我。""他是个变态！""我是多么冤枉。"事过境迁，当自己的内心已经风平浪静，却发现当初自己急于去倾诉的事情，已经成为圈子里大家茶余饭后嘲笑你的谈资了。

岁数越大，越开始明白一个道理：很多事情都是因为自己的大惊小怪，才让它失去控制的。

其实，这也不能怪朋友。很多朋友真的是出于好心。

比如，有段时间微博上好多人来骂我。这其实没什么好大惊小怪的。结果，有好多朋友好心地定期把骂我的言论整理搜集起来，然后告诉我。哥们，这叫二次伤害好吗？

我本想息事宁人，就这么过去好了，因为网络上说不清楚啊。想解释，想证明，就输了。结果，我的几位朋友怒火中烧，每天都去转发、反驳对方，结果“一鸣惊人”。我感谢这些真正的朋友，但是每个人也都要清楚：有些事情，注定是要烂在自己肚子里的。即便你很想倾诉，但就是要憋着。憋啊，憋啊，憋啊，事情就过去了。

如果你的朋友是女的，要记得：别说话，吻她。

Q10：

如何从实习生做到上市公司高管？

来自 @男神 的回答：

我回答不上这个问题，在这里只能分享一些在过往经历中感悟出的道理。

至于对大家有没有帮助，只能因人而异了。以下的内容并不一定适用于每个人。

少不更事的大学生，刚步入一家公司的时候，首要面临的问题就是：

1. 压力：完成工作业绩。

2. 情绪：维护同事关系。

所以，第一，要保持良好的心态。

我们要懂得学会和自己的负面情绪相处，找到缓解自己焦虑、愤怒、失望和压迫感（这是每个职场人士迟早会面对的）的方法，能够应变和保持良好的心态。

很多人会对他人的行为有应激反应。所以，你要学会尽量避免他人或环境对自己的情绪和判断造成影响。

很多时候，你输给别人，就输在心态上面。情绪化会对你的判断力和意识造成极大的影响。

第二，多思考，但是少决定。

可以多反思，但不要轻易改变自己的决定和认识。

也就是说，多从另一面提醒自己，但不轻易在判断上动摇。

我的逻辑是：你要想到方方面面，但不要让自己陷入混乱。决定归决定，可能归可能。不能因为有其他可能，而轻易否定了之前的判断和决定，要系统连贯，不要摇摆。

考虑周全同时又行事果断，是每位“船长”都必须具备的能力之一。

第三，要专注。

深入研究自己的技能，还未在某个领域成为专家之前，不要为其他琐事分心。

少计较琐事，不要把时间浪费在小事上面。集中精力做最重要的，直到积累出一个领域完整的经验，成为某个领域的专家。

学产品，就把产品研究透了；学技术，就学到被人称为“大神”。

在互联网创业领域，很多人就是因为今天直播火了就搞直播，明天 VR 火了就搞 VR，所以多半都失败了。

第四，方向清晰。

一定要搞清楚自己喜欢什么和擅长什么。

这两件事，也许一样，但大多数不一样。一个人要知道自己喜欢的和擅长的，才知道自己应该怎么选行业和舞台，明白自己以什么职能进行切入，预见自己能走多远，清楚自己能否应对自己的选择。同时，我们要为自己的选择负责。选择不是心血来潮的冲动。

能走多远就是自身格局的问题了。

命题是做到上市公司高管。而有的人觉得开一家淘宝店就心满意足了，有的人却想要做一家“阿里巴巴”！

当然，格局也会随着你的发展被逐渐打开。当你有了这个意识的时候，就坚持沿着自己认为对的那条路走下去。

第五，了解用力方式。

人最重要的能力，在年轻和年老的时候，是判断力。而在中年，是执行力和忍耐力之类的能力。所以，我们一定要知道自己应该用力的方式，克服性格弱点。为了自己的目标，一定要舍得付出代价，不能惯着自己，对“得失”要有清醒的复盘，不能随波逐流或者任性放纵！

第六，善意地对待身边的人，遇到不确定的问题就多问。

一个人了解的人越多，才会更了解自己是什么人。

第七，一定不要树立一个太大的目标。

目标是一组最终可以连起来的路径，一开始就设定得太大太远，会很难衡量和保持节奏。目标一定要是可以“度量进度”的，可以控制节奏而不会太被动，达到了会有快感，但也不会过于满足，还会继续被刺激。

这是一种很细微的心理变化。总而言之，凡事量力而行，同时再慢慢积累。

第八，记得一句歌词：时间只负责流动，不负责生长。

大家的时间是一样的，但是经历和阅历不同，经历是线性的可部分选择的，阅历是非线性的完全可以选择的。一定要在同样的时间里，在经历、阅历上滚出比别人大的雪球，建立从思考到判断再到执行的优势。

优势不是别人给的，而是自己打造的。

人要为自己负责，必须想明白自己。要想明白怎么和自己复杂的思想、头脑、环境等一切相处，要懂得能控制得住你自己，才能在最后由己及人。

我说的这些都是源于多年来我自己在北京总结下来的一些自身体验。我讲的每个论点都能在我自己的职场过程中找到相对应的例子。所以，希望大家也能结合自己的职场或生活多反思自己是否在哪个环节出错了，或做得还不够好。

道理听得再多，都会因人而异，也会根据不同人的理解而产生不同的价值。

加油！谢谢阅读！

Q11:

在恋爱中哪些方面可以看出对方是否值得嫁娶，对年轻人的择偶问题有什么建议?

来自 @ 琢磨先生 的回答:

一

什么样的人一定不能嫁或娶呢?

我想需要小心三种人。

一种是自私的人。这种人谈恋爱的模式基本上就是自恋。所以，不管别人怎么爱他 / 她，都依然觉得不够，因为这世界

没有一个人能像他 / 她一样那么爱自己。跟这样的人生活在一起，哪怕你的整个生活都围绕着对方转，他 / 她都不会满意。

第二种是跟自己性生活不和谐的人。很多爱人之间的爱恨是由性生活不和谐引发的，所以如果两个人完全无法合拍，后面很可能会以腥风血雨或外遇出轨而终结。

第三种是脾气暴躁的人。这种人情商一般都比较低，很容易暴跳如雷。跟这样的人生活在一起，生活品质会非常低。这种人受不得一点委屈，往往会很容易招惹麻烦。我个人就非常怕这样的人，不管男女。

二

年轻人择偶，我觉得首先要搞清楚自己喜欢什么样的人。如果一个人不知道自己爱什么样的人，那么无论跟谁结婚都可能是错的。

假如这世界就剩下四个不同类型的异性，分别是 A、B、C、

D。你只能选择其中一个人结婚，你会娶哪一个？

可能其中一位貌若天人，会让人立刻为之着迷，但后来你可能会发现智慧的异性更有魅力。所以，在这个时候你最需思考的问题，不应该是自己喜欢哪一个，而应该是：假如我要找一个人结婚，我最在乎的是什么？

是长相、性和谐、家庭背景、星座匹配、厨艺，还是性格？你可以把自己在乎的要素全部都列出来，然后每一项按 100 分为满分计算，把这 100 分根据自己对每个人的了解进行分配。为了说明这个问题，我们不妨试着对 A、B、C、D 做个评分，整理出一个表格：

考量要素	A	B	C	D
长相	40	40	10	10
性和谐	50	40	1	9
家庭背景	10	10	50	30
星座匹配	20	20	30	30
厨艺	25	25	25	25
性格	40	40	10	10
合计	185	175	126	114

上面表格中的考量因素应该是你扪心自问会在乎的东西，而里面的数字根据你对对方的评判来分配，几位候选者的每项要素分数横向合计为100分即可。

根据这个图表，你会觉得应该娶或嫁那个得分最高的对不对？但是如果你这样做决策，就显得太傻了。这个表格最大的问题是把所有因素同等看重，这显然不合理。每个人看重的因素是不同的，比如有的人可能特别看重长相，有的人可能特别看重性格。

所以，我们还需要给考量的要素分配权重，总权重应该是100%，而如果你特别在乎某一项，你就给这个项目分配最高的权重，再给其次你看重的项目分配次一级的权重，假设对上文的表格随意分配权重，就有可能会变成了下面这个样子：

考量要素	权重	A	B	C	D
长相	30%	40×30%	40×30%	10×30%	10×30%
性和谐	25%	50×25%	40×25%	1×25%	9×25%
家庭背景	10%	10×10%	10×10%	50×10%	30×10%
星座匹配	15%	20×15%	20×15%	30×15%	30×15%

续表

考量要素	权重	A	B	C	D
厨艺	5%	25 × 5%	25 × 5%	25 × 5%	25 × 5%
性格	15%	40 × 15%	40 × 15%	10 × 15%	10 × 15%
合计	100%	35.75	33.25	15.5	15.5

把权重乘上每项的打分，然后得出来的数字再纵向相加，那个得分最高的似乎就是最值得娶或者嫁的。

你会不会觉得这样决定婚姻大事很傻？我也觉得很傻。

我给一些男性朋友做过这个表格，但他们经常在结婚的时候娶了那个得分最低的人。因为人生就是感性和理性同时作用的结果。

但是，哪怕你头脑一发热，很感性地娶或嫁了这个表格里得分最低的那个人，你也应该很理性地知道自己放弃了什么。这样一来，以后你就不会见异思迁了。因为你已经得到了自己在乎的。选择的同时，就是放弃。选择了，就是承诺，而婚姻所谓的承诺，就是你始终自知。

其实，相爱之后，谁都无法保证不会再遇到更心动的人。遇到更有钱、更好看、更温柔、更符合期待、更懂你的人，你是缴械投降，还是坚贞不屈？

爱情绝不仅是冲动与激情，而是一份承诺、一种自知。爱上对方，是因为我了解自己。因为要对自己的选择负责，再心动也会把心中的荡漾控制得波澜不惊，这才是真实的人性。

三

其实很多人在走入婚姻前，就明显知道双方是不合适的。他们天真地以为，结婚了就好了。

婚姻真的是解决不合适的药方吗？当然不是，婚姻是两个人合适的结果。

如果恋爱时存在问题，千万不要以为通过婚姻就可以解决。

如果谈恋爱都感觉不舒服，那婚后会更不舒服。为什么？因为婚姻会放大这种痛苦，比如洗碗、做饭、拖地、整理房间，连这些鸡毛蒜皮的事都会放大两个人的矛盾。

任何一段凑合的婚姻，最后都会演变成为一段悔不当初的未来。如果恋爱中你无法从对方那里发现自己的美好，那婚后定会是噩梦。

还有一个很傻的想法是：婚姻过不下去了，那就生个孩子解决吧！呃……干嘛要两次踏进同一个错误？用一个错误是无法解决另一个错误的。

这就是我对提问的一点思考。

04

没有什么值得难过……
只是想听些安慰和鼓励！

Q12：

漂亮女孩总有很多人追，但“丑小鸭”该如何安放青春？美好的女性应该具备哪些品质？

来自 @ 张沫凡 MOMO 的回答：

我想，肯定有很多女孩都觉得自己不漂亮、很平凡，觉得别人很好、很潇洒，所以我真的很想认真回答一下这个问题。

由于这个问题其实挺有深度的，所以我们不妨来逐步拆解、分析问题。

什么是漂亮的女孩？漂亮的定义是什么？如何分别漂亮与不漂亮？

很多人把女孩分为漂亮与不漂亮两类，但是漂亮的定义在每一个人心里都是有所不同的。每一个人都有自己的审美，就像有人觉得我特别丑，甚至看见我就要骂我几句；有的人却觉得我很好看，五官很精致。所以，漂不漂亮其实都是每个人自己的感受，不应该作为评判的前提。

回到问题本身，会有这种疑问的朋友大概是觉得自己不漂亮。这种思想很常见，我的一位闺蜜就有一点点自卑。她总觉得自己不好看，但是在我眼里她其实很漂亮，只是她从来都不会化妆，也不会张扬。

其实，很多时候我们都会过度放大自己的缺点，拿自己的缺点跟别人比。这一点源自不自信，不自信就会觉得自己不漂亮，就算自身很漂亮也会觉得抬不起头，没有底气。

所以，漂亮 = 外貌 + 内在气场。

怎么改变外在？

把自己整理得干干净净，学一个简单的妆容，找到适合自己的穿搭，这些都可以改变外在。如果觉得就是五官不行，那就要看你对自己的外貌不满意到了什么程度。如果真的严重到影响你的生活了，为何不去尝试整容？如果整容能给你带来自信，那为什么不去做呢？如果权衡后觉得自己接受不了整容，那就要接受现状。也有可能是因为你的经济水平不足，或者父母不允许。那就要看你是否愿意为此努力赚钱，你到底是希望活出自己的人生还是听从父母的意见，每个人选择都不一样。

这就是现实，世界上没有十全十美的方法。

怎么改变内在？

并不是每一个女生都美若天仙。以我来看，只要愿意好好打扮一下，这天底下就没有特别丑的女孩，干干净净才是最重要的。而内在，就是让女孩自信、“漂亮”的更重要的部分。

改变内在就要从一个个习惯开始一点点改变：学会早起给自己做个早餐；去学一门技能；多看书充实自己……想让自己的内在变好，不是要看多少鸡汤文，不是要读多少书，不是要上多少课，而是要克服自己懒的毛病！

在这个方面，没有别人能帮你。当你学会利用自己的时间，就会发现即使每天在做一份无聊的工作，自己也是在学习和成长的。

当我们充实了自己，就会发现自己有内涵，无论跟谁都可以不卑不亢，无论面对谁都可以聊得如鱼得水。这个时候，人家就不会在意你的外貌好看或者不好看了。

漂亮的女生不努力，只会被社会淘汰。所以，漂亮与不漂亮只能作为年轻时的加分项，不能作为永远的优势！

实力比脸蛋更好用。考虑怎么让自己变成心目中“漂亮”的女生，并给自己一个规划，要比羡慕漂亮女生为什么活得那么轻松更有意义。

那么，不漂亮的女生该如何安放自己的青春呢？

这个问题也可以理解为：作为一个不漂亮女生的我，应该怎么生活？

很多时候，大家只是片面地看到了别人的一个表面，却没有看到光鲜背后的样子。但是，这么回答似乎过于简单了。所以，我们不妨把问题升级成为该选择什么样的“生活方式”。

每一个人都有选择自己生活方式的权利，每一个人也应该尊重别人的生活方式。

你要先看看自己喜欢哪一种生活。如果你羡慕某些漂亮女生那种“整天吃吃玩玩拍拍照”的生活，那你就去追求这种生活。怎么追求？

1. 我们先分析她们为什么能“吃吃喝喝拍拍照”：她从事的是什么工作?

2. 我能不能从事同样的工作?

3. 如果我能，为什么能?如果我不能，又为什么不能?

4. 要是不能的话，我能改变吗?要是能的话，我应该怎么规划?

咱们举例说明：我喜欢米兰达·可儿（Miranda Kerr）[①]的生活，每天健健身，走走秀，家里好大，还有游泳池，甚至有10个衣帽间!

1. 先做分析：她那么好看，身材好，代言维多利亚的秘密

① 澳大利亚女模特、演员。

(Victoria's Secret)[①],所以她才这么有钱的!

2. 我身材不好,我也不是外国模特,我更不可能上维秘秀啊!

3. 我能改变吗?我能,我现在已经创建了美沫艾莫尔(MO·AMOUR)[②],我可以把这家公司做大。此外,我还有一家经纪公司,我的战略和愿景是希望这家公司能够上市,然后我也会很有钱,还会有社会地位。我家里也可以很大,有游泳池,我也可以有10个衣帽间!

4. 下一步,我就要开始规划我的公司要怎么做,从战略规划到细节操作,让自己有方向、有目标地一步一步努力。

这就是你应该怎么去获得喜欢的生活方式的操作方法。

① 美国的一家连锁女性成衣零售店,主要经营内衣和文胸等,并主办年度时装表演——维多利亚的秘密时尚秀(Victoria's Secret Fashion Show),与艺人歌手合作、结合音乐演出,并邀请许多全球知名的时尚模特担纲走秀。

② 由张沫凡创建的化妆品公司,国内第一个以专业芳疗师为服务核心、为爱美女性提供全方位综合芳疗护肤方案的原创品牌。

那么，如果你无法获得喜欢的生活方式，该怎么把现在的生活过精彩？

常常有这样的现象：国企员工羡慕创业人士，创业人士羡慕国企员工；创业型公司羡慕外资企业，外资企业羡慕创业型公司……总之，自己的都是不好的。这就是没有活在当下。

不一定只有别人的人生才是好的，把自己当下的生活活得精彩才是最好的。

我是一个事业型女生，我每天都有自己的工作和忙不完的事情，那么做个家庭主妇就不好吗？不是啊，家庭主妇可以有时间把家里打扮得很有气氛，可以每天关怀猫猫狗狗，可以每天给老公做他爱吃的菜，可以有时间修身养性。但是，我在为事业奋斗的时候，这些都是会被忽略的，不是说完全不做，而是说不会做到如此精致。

如果你无法改变当下的生活，不妨审视一下自己目前的生活，让自己逐渐提升。每一天只要有进步，就没有白费青春。

我们可以考虑以下几个问题：

1. 我目前的生活有什么是可以提升的吗？我从哪里挤出时间来？我是否有可以断舍离[①]的事情。

2. 我目前的生活真的有那么糟糕吗？糟糕在哪里？怎么解决？解决后有效吗？无效的话，有没有第二种方法？

3. 这是我喜欢的生活了吗？我在这个生活里会有进步吗？

4. 我能不能同步拥有两种生活？我有没有这么做的时间？我愿不愿意迈出这一步？举个例子，张沫凡之前每天和一帮哥们住在一起，张沫凡认为自己的生活很糟糕，每天起来都觉得自己起得好晚，对自己好生气，但是晚上又会被大家叫着一起

---

① 网络语言，来源于日本山下英子所著图书《断舍离》，意思是：把那些“不必需、不合适、令人不舒适”的东西统统断绝、舍弃，并切断对它们的眷恋。

玩，无法拒绝。张沫凡想改变自己，早起、看书、做早饭、按时上班，并且让家里香香的。于是，张沫凡最开始采用的方法是，叫大家一起早起，问大家去不去看书，然后自己去上班，并且要求大家每天叠被子、收拾屋子。但是，状况没有改变。

既然第一次改变没有成功，张沫凡决定要迈出另一步：自己住！

然后，张沫凡如何挤出时间？从之前的 11 点起床改为 8 点起床，做早饭，每周至少安排一次 2 小时看书时间，招聘了司机，利用在车上的时间看书（不要学我），之前每天要打 6 小时游戏，觉得浪费的时间拿来学习插花、健身、跳舞完全足够，就对之前的“6 小时游戏时间”断舍离！

现在张沫凡拥有她喜欢的生活了。她觉得在健身中自己可以强健身体，在读书中可以充实自己，按时上班可以更好地让公司发展，每天都很有进步。

但是，就这么和朋友们分开了吗？不，张沫凡可以同时拥有两种生活，她会利用周末跟大家出来玩，利用下班的时间和大家吃个饭。

看，生活就这么改变了啊！无论你目前已经处于自己想过的生活当中，还是你想追求自己想过的生活，都和你漂亮不漂亮没有关系，而是和你做不做有关系。

无论什么样的女生都可以活出自己的精彩。

喜欢安定又知足的就去上班，下班和朋友吃个饭，逛逛街，看看书，看看电视剧。

喜欢拼搏又有野心的就去创业，让忙碌的生活充实自己。

喜欢照顾家庭的就在家照顾家庭，让家里的气氛幸福温馨。

每一种生活都值得细细品味，每一种人生都可以有精彩的地方。

谁说只有女强人才是最好的女性？

谁说只有贤惠的妻子才是最好的女人？

谁说只有漂亮的外貌才是最让人疼的？

这就延伸到你的下一个问题。

美好的女性应该具备哪些品质？

每一个人对美好女性的见解肯定是不一样的。什么样的女生都可以活成美好的女性，这要源于自己的标准。

所以,我不说什么是美好的女性,我就说说对自己的要求吧!

我对自己有 20 个要求，比择偶标准还要多：

1. 经济独立，有一份自己的事业，有生活的目标和重心。

2. 对自己和对待外界环境都要求是干净得体的。

3. 生活有情调：过节过年要有气氛，会精致地生活，偶尔泡泡澡，做做水疗（SPA），经常记录生活。

4. 会理财，会把钱花费在一些美好生活的点缀上，比如我会买很贵的床品，但是我可能不会买很贵的衣服。

5. 每天都要充实自己，每天都要让自己进步一点点：无论是厨艺、看书、健身或者任何一件小事儿，我都会让自己每天充实起来。进步一点点也是进步。

6. 有家庭感：爱家，喜欢家并且对家里负责，孝顺父母并且今后也会孝顺男朋友的父母。

7. 有独立的思想，有原则：不会被自己不喜欢的事情所左右，有自己的原则，讲道理。

8. 会调整自己的情绪：不乱发脾气，不过度悲伤，不会把情绪带到工作中或者带给身边朋友。

9. 善良：勿以善小而不为。

10. 不卑不亢，有自己的底线和道德观，能保护自己，拒绝别人。

11. 自爱：珍惜自己，只有你先爱自己，别人才会爱你。

12. 不过分依赖任何一个人。

13. 懂礼貌并且照顾身边人的面子，有情商。

14. 即使在外面再厉害，也要在自己丈夫面前贤惠、温柔、会撒娇，不会把外面的气场带回家。

15. 有趣，不会为了装淑女而不说脏话，但是说脏话又要注意场合。

16. 心大：今日仇，隔天忘，不记仇。

17. 不做长舌妇，不在别人背后说坏话，遇见事情先找自己的原因，不抱怨。

18. 无论多难受，都不喝大酒，不散德行。

19. 有错误就承认，但是不会犯贱，不会为了任何事情过度低头失去尊严。

20. 感觉还有一堆要求，以后慢慢说吧……

最后，在哪里能遇上靠谱的男青年呢？

能遇见靠谱男青年的地方，必然不是各种相亲网站和相亲节目。

首先你要知道什么是靠谱男青年。这就要看你自己对靠谱的定义了。

每一个人都要对自己的爱情有原则，有标准，一旦恋爱就要互相负责。我们要先看清楚面前这个人是不是自己最想要的，先磨合再恋爱，别互相耽误。爱情是自己的，别人是不能插手的！

也就是说，你要有自己的一套明确的标准。我之前和朋友讨论过这个问题。

我说，你们明知道某人不靠谱，为什么还要冲上去。

她说，可能就是看对眼了，有好感了。

我的回答很直接："人为什么称为人？因为人有自己的标准，有原则，有底线，有要求。为什么看对眼，也可以控制住自己，因为人是理智的，有大脑的，会思考的。”

所以，对恋爱有要求，对择偶对象要理智筛选，这不是谁瞧不上谁，而是对自己的负责，是人类进化的表现！

当然，对于青春来说，就算这一条路都是错的，也是经历，只是别让自己后悔就行！

那么，去哪里找？

好男人多得是，缘分到了，自然就来了。

你若盛开，清风自来。

而在没有遇到那个他之前，先让自己变成最好的自己吧！

Q13:

假如认为自己依然爱着前女友，办婚宴时该不该给她发张请柬？

来自 @ 褚明宇 的回答:

一

在我家客厅里，有一张我特别喜欢的照片，是我爸我妈在跳舞。

那是我前妻的婚礼——不是我和我前妻的婚礼，是我们俩离婚以后，我前妻再次结婚的婚礼。照片里是黄昏，在加州一个葡萄园的院子里，我前妻还露了半张脸。那一瞬间真的很美好。

二

离婚的时候，我和我前妻都还在伊利诺伊州（Illinois）上学，不知道在美国离婚要如何办手续，就一起去学校的法律咨询办公室咨询。

一进门，大家握手，自我介绍，坐下。

律师问：“我能怎么帮助你们？”

我说（也可能是她说的）：“我们计划离婚，想问一下需要做什么。”

“没问题，但是在我回答问题之前，咱们要先确认一下，我是代表你们二位中的哪位呢？”

“能代表我们俩吗？”

律师笑了。

三

尚佩恩（Champaign）[①]是个大学城，美国在韩国常年驻军，导致美国有好多韩国妇女——美国大兵从韩国带回国的女友或者妻子。在尚佩恩这么个小镇里，就有三家这样的老兵和他们妻子开的韩国小吃店。

我常去其中一家叫“阿里郎”的店吃饭。阿里郎的生意很火爆，高峰时段需要拼桌。我通常进门先看有没有认识的同学，有熟人就直接过去坐下。

那天，我和我前妻从律师那儿领了一张协议离婚分割财产的表格，在“阿里郎”坐着，一边吃饭，一边讨论“电视归谁，电钢琴归谁”之类的。

一位认识我们俩的同学一屁股在我们桌坐下。

① 美国伊利诺伊州东部城市，工业、贸易和教育中心。

我跟他说："今儿不行，我们正'分赃'呢……"

"离婚。"我说。

四

在美国，婚姻法不是整个国家的法律，而是每个州有每个州各自的婚姻法，比如在有的州同性恋可以登记结婚而有的州不能，结婚、离婚的手续和麻烦程度也各不一样。

最著名的是内华达州（Nevada）——就是赌城拉斯维加斯（Las Vegas）所在的那个州——结婚手续最简单。在拉斯维加斯还有一站式结婚（Drive-thru Marriage）服务，两个人忽然想结婚，开车到外卖窗口，连车都不用下，婚就结了。我还真认识一个湖南女生，就是在拉斯维加斯忽然兴起，跟男朋友通过这种方式结婚的。

要是离婚也能一站式就方便了。

伊利诺伊州法律规定，如果两个人结婚不到七年、没有子女、没有房产，那么就符合协议离婚的条件。你瞧，这是不买房子的另一个好处，要是有房子，就算两个人想协议离婚都不行，非逼着你上法院打官司。弄不好被律师一挑唆，本来不想打官司的结果红了眼，不计成本地弄了个两败俱伤，钱全被双方的律师赚走了。

协议离婚就很简单，填个表，交到县书记员（注意这个“书记”真的就是负责记录、盖章的书记，而不是县委书记的书记）盖个章就离了。

那天，我们一起去交表，书记很痛快，说:“手续费75美元。”我前妻对我说：“你是男的，手续费你交。”

县政府门口有一个购物中心。办手续一共花了不到10分钟，盖了章出来，我前妻一把把我拽进了购物中心，说:“不行，今天离婚，你得给我买个纪念品。”

离婚加上逛商店，一共用了两小时。

那天，她闹着让我给她买了个包，后来用了很久。我们一直管那个包叫“离婚包”。

五

我前妻再结婚的时候已经是好几年以后了，她先是在芝加哥工作了几年，后来又读了工商管理硕士（MBA），再后来去了加州。

我毕业去了纽约，几年前来到上海。

她在电话里说：“我结婚的时候能来的娘家亲戚实在太少，你和那个谁还有咱爸咱妈都来吧，凑个数。”

婚礼那天，草地上整整齐齐地摆着一排排椅子，我爸、我妈、我还有我当时的女朋友一起坐在第一排，跟从国内赶来参加婚礼的我前妻的妈妈和大姐坐在一起。

六

我觉得你的婚礼应该邀请你的前女友，而且你应该邀请她现在的男友或者老公。

Q14：

大多数人从事的工作和大学所学根本没关系，大学到底该干什么？能退学吗？

来自 @ 张沫凡 MOMO 的回答：

我在大学时选择了退学。但如果现在再让我回到大学，我想自己未必会选择退学，而要看有没有自己追求的目标。

没有完整的大学生活经历成为我人生的一个小遗憾，也正因此，在创业的七年时间里，我会因为自己的知识匮乏而感到焦虑。所以，选择退学就意味着未来可能要付出更多的努力。

就像为什么有的人被称为“富豪”，而有的人被称为“土豪”。学习的过程会让人的整体素质提升，富豪之所以是富豪，是因为他们不仅仅能够赚钱，还可以把钱赚得漂亮。

这就是读书的重要性之一。

我之所以在大学时选择退学，主要原因是觉得自己学业前途渺茫，又正巧遇到了一个可以赚钱的事情，所以权衡利弊后选择了退学。年轻人大部分都会选择先看短期利益，再看长期利益。就像人要能先活下来再考虑活得久，那个时候的我觉得赚钱能先让自己活下来，所以没有考虑上学可以令我活得更久。

不过，虽然没有上完大学，但是由于后来考虑到了长期利益（活得久），所以我选择了用同样四年的时光学习一门与我工作相关的行业——芳疗师。

那个时候，我创办的公司还不成熟，我出于对顾客的负责首先选择了芳疗师这个行业进行学习。而在公司成熟后，公司有了更权威的产品经理，我便开始把精力放在如何更好地运营一个企业上面。

如何更好地选择专业，能够用于未来从事的工作?

可能很多人不理解这样一个道理：人生都是不断变化的过程，每一个阶段都有每一个阶段要学习的东西，我们不可能一成不变。我们在每个年龄段都有每个年龄段各自的定位。

举个通俗易懂的例子，就拿一个家庭主妇来说：17 岁的时候，她可能希望自己嫁一个好人家，这个时候她可能会学习如何打扮自己；而到了 20 岁，她找到了心仪的对象，可能就需要学习一些优雅女人要做的事情，比如做饭、茶艺、归纳整理等等；到了 24 岁，步入婚姻，可能要学习怎么做一个妈妈，开始备孕；25 岁生完孩子，可能需要学习如何带孩子，如何教育孩子等等。

就我自己而言，最开始我只是经营一个小店铺，我要对自己的顾客负责，所以学习了产品专业知识，希望能给大家带来更好的产品。对于一个品牌而言，产品对于我对于公司都是最重要的，所以我才在创业初期把产品专业知识当作主要学习对象。

但是后来，因为公司的发展，我发现的我的专业知识和真正系统学习过精细化工（化妆品专业）的专业人员是无法相比的，所以就需要有更专业的人加入自己的团队。

随着公司的发展，这些专业人士也需要有更好的未来，而我是那个要带着公司开拓未来、积极发展的创始人。术业有专攻，所以我并不能做到样样精通，作为一个称职的CEO，我要做到的是调动起专业人士对企业的激情，可以更好地用人，可以更好地为企业发展布局，或者用自己的眼光来设定企业的战略，规划好企业的使命和愿景。

所以，在创业从0到100的过程中，我所扮演的角色是不断变化的。可以说，从设计到文案，从产品专业到仓储物流，这些我都曾学习过，而如今各个部门的部门经理就是那些更专业的人。

此刻的我可能需要学会如何更好地管理一家企业。为了能让公司更好地发展，我可能又要学习财务、股权布局，了解资本运作。学习的方向是需要根据自己的年龄增长以及身份变化而不断改变的。

而完成大学四年的学习并不代表你就可以有什么优越感，在前期步入社会时，这可能会给你加分，但是如果不能意识到自身角色的逐渐变化，不继续学习，就会成为“龟兔赛跑”故事里的那只兔子了。

那么，到底学什么专业？如果你根本没想好，不如学一门技能。

我在周围的圈子里做过一个小小的调查，发现90后的学生基本都会热衷于选择经济学、工商管理、酒店管理这类专业，学的东西好像离日常生活有些遥远，而95后的大学生更偏爱一些技能型专业，比如摄影、摄像、珠宝设计、烹饪等等，就算在自己的日常生活中用不到，但也是多掌握了一门接近生活的技能。

在上大学前，你就应该想好自己要往哪个方向走，可惜的是很多人在高中毕业后其实根本没有想过这么多。之前曾读过有关于国外学生寻找专业目标的报道，在国外很多学生会在高中毕业后先去实习，找到了自己的目标之后再进入大学就读，所以如果大家能有这样的机会，也可以先去工作、实习一年之后再选择自己的专业。

系统地学完一门专业与半路出家绝对是不一样的，尤其是一些专业性非常强的领域。比如，我就算是半路出家学习化妆品行业的，但是我们公司的产品经理是清华大学毕业的生物学硕士，因此我们对化妆品、配方协同性的理解是完全不一样的。网络上很多所谓专业人士对化妆品解读，在这些产品经理眼里，却是非常不专业的。

所以，关于“上大学重要不重要”“所学专业是否对口”的问题，关键取决于你学到的对自己今后是否有帮助。

你可以不上大学，但是不可以停止学习

那么，很多是在大学毕业后，或是像我一样在辍学后才找到自己人生目标的，该怎么办？

很简单，付出更多努力，不断学习，重新学习！

难道我们上学只是从小学、初中、高中、大学、研究生，直到博士吗？并不是，虽然上学的时间似乎就那么几年，但是学习这件事却是从不间断的。自辍学后的那天开始，我没有一天是停止了学习的。我用了将近五年的时间学习芳香疗法，在这期间学习了包括了有机化学、拉丁文等各种课程，越学越深，直到公司转型以及产品经理加入，我不得不从产品专业知识转到了公司管理上。CEO 最重要的不是在一个领域有多精，而在于是否能把比自己能力更强的人用好，在于眼界是否开阔，所以我开始同步学习公司的管理、企业文化、财务、公司运营战略等等，每周看 2–3 本书成为我必须执行的事情。

这就是说，**你可以不上大学，但是不可以停止学习。**

像我一样自学，好处在于可以自由地选择想学的东西，能够在学习的过程中学以致用，会拥有更多发散性思维。在实践的过程中，曾经在书里读到过的内容，意义也会变得不一样。而缺点在于没有系统的学习，可能会犯错、走弯路。

所以，我也经常对公司的伙伴们说："对于你们来说，可能这不是你的第一份工作。但是，美沫艾莫尔就是我的第一份工作，所以我也会犯错，希望大家能和我一起成长。"

如果在大学期间，你根本不喜欢自己的专业，那么你可以有两种选择：第一种，趁着没上班之前完全放松自我；第二种，不荒废四年时光，干点有意义的事情。

选择前者并没有什么毛病，我们在应试教育制度下好不容易熬到了大学，享受一下挥霍时光的快乐又有何不可呢？

但是，我会选择后者，我不希望自己当下活得更舒服，我希望自己绝不浪费自己的时间，让自己以后能够更舒服。

如果大学选错了专业，或者根本提不起劲来上学，也不在意学分，那就去工作吧！做一份兼职，哪怕是实习生，先提前看一看社会是什么样子的，或许你就能够找到自己的机会，找到属于自己的目标。

这个时候你会发现，每天起来有动力，在奔着自己的目标努力的过程中，生活才有灵魂。

当然，就算找到了人生目标，你还是会遇到一些问题。在奋斗的过程中，不断增长的目标高度也会使你感到痛苦，因为为了达成目标，即使是一些自己不擅长或者厌恶的事情，也一样要深入钻研。这是人生中永远不可避免的问题，比如我最讨厌财务，但还是要深入钻研，比如我真的很不喜欢社交，却也要硬着头皮去扩展资源。只不过在自己内心，我深知，这是为了我们公司的发展，所以我要硬着头皮去学习。

没有什么是轻易的。

不上课的时候我们可以做什么?

1. 如果有学生会，我很推荐你参加，去增加实践机会。

2. 多发掘几项课外兴趣，便于今后的社交。

3. 给自己制订看书计划，不要总是选择心灵鸡汤，可以看各大企业 CEO 的自传，可以看各种有用的工具书。

4. 参加一些同城社交活动，会让你做一些有意义的事情。

5. 去找一份兼职或者实习工作，尽自己的能力去学东西而不是赚零花钱，哪怕只是在麦当劳打工，也要用心地去做这件事，用心总能学到东西。

6. 当然可以尝试创业，但是不要投入太多的钱，轻资产才是创业的最佳方式。

7. 可以学习一门语言。

8. 珍惜你的时间，哪怕陪伴家人，也比宅在屋里养双下巴要强！

在校大学生想创业却又没有资金的话，可以做些什么为创业打基础呢？

不是每一个人都能找到轻资产的创业方式，也不是每一个人都可以很成功地创业。那么，如果有个创业梦，为此我们可以提前做点什么事情呢？

你可以先选择好自己要创业的项目，然后通过网络、书籍、报纸等媒介充分了解同行业以及同行业的创始人。这样做会使你更了解这个行业的商业模式，也会吸取到更多有用的经验。

可以去同行业的企业打工，深入了解人家是怎么做的。也可以不去同行业的企业，而选择一家大企业做实习生，因为大企业的运营模式以及管理方式都是你今后可以参考的，至少在以后需要自己做管理的时候不会一头雾水，可以借鉴别人成功的方式。

在兼职的过程中，你会攒下一笔钱，这笔钱可以当作你的启动资金。但更为重要的，是你在兼职的过程中攒下来的经验和变得开阔的眼界。

最后，我想再说几句题外话。

无论你是否有目标，只要在努力、用心地生活，其实每天都可以收获新的东西。

我支持每一个人创业，也看好创业，但很多时候创业未必就是最好的选择，因为创业的成功率并不高。选择创业，不能只看到创业得到的成就，而更要有做好失败的准备，要有决心，有激情。**如果你现在无法改变现状，就先改变自己。**

Q15：
是我们改变了世界，还是世界改变了我和你？

来自 @ 大咕咕咕鸡 的回答：

世界改变了我和你。

我们改变了什么？什么也没有，汽车还是要加汽油，手机还是要充电，去美国还是要坐很久的飞机，改变的只有头顶的毛，还有脸上的褶子。

人，太渺小了。面对整个时代，甚至让我们有一种巨大的脱力感，叫“不想活了”。

在此，我奉劝年轻的朋友们，你们改变不了世界，趁着年轻，要赶紧做几件事：

第一，规律的性生活。

是的，现在已经是二十世纪了。还有很多年轻人没有过上规律的性生活，简直是当代生活之憾。性生活并不可怕，也并不神秘，请勇敢地面对它，去跟喜欢的异性表白、恋爱并结婚吧！当性对你不再构成困扰，你就可以把全部的精力放到生活的其他部分当中，去奋斗，去创业。我看到很多人三十多岁了，还天天关注“二次元脱单”“解救大龄狗”“燕郊月老”之类的话题，这真的非常可悲。

第二，早买房。

至少要拥有一套自己的房产，不管是在老家，在北上深，还是在东京、纽约，越早搞定越好，刚需！别听别人忽悠，胡扯什么生活在远方，在河沟里，在加利福尼亚。我可以这样告诉你：有套自己的房才最幸福，没房永远像是在演《三毛流浪记》。

第三，早些生孩子。

尤其是女性朋友，如果你决定生育的话，要抓紧。我建议在 25 岁之前把这件事完成，可以从 22 岁开始准备，23 岁生第一胎，恢复几个月，24 岁再生一胎，这样一来，25 岁时的你就已经成为两个孩子的母亲，千万不要把生儿育女这件重要的事情拖到三十多岁再做，那会是一场灾难。

如果你在 22 岁生了第一胎，等 35 岁时再生第二胎，那时候第一个孩子已经上初中，开始琢磨怎么早恋了，而你还在坐月子。这是一种什么样的感受？思考一下，父母应该和孩子一起成长，很多人蹦蹦跳跳的，不知不觉间就和孩子一起长大了。即使是遇到家庭问题或感情危机，在孩子进入恋爱阶段时，妈妈也能够顺利地离婚，开始人生下一个阶段，为自己省下宝贵的青春的十年！这是对人生节奏的把握，年轻的女性朋友们都要面临生育问题，而我的建议是早做决定：如果决定不生，以后都不要生；如果决定生的话，抓紧找到有能力的丈夫，早些完成这项重任。现在，很多女性喜欢嚷嚷独身主义、不婚主义，主要出发点还是怕麻烦。

此外，没有足够物质条件的母亲请不要尝试做“全职妈妈”！别相信“宝宝离不开妈妈”。

以上三个方面，我认为能够对人生大有帮助。如果都能实现的话，即使世界改变了你许多，或者你没有改变世界，那又怎样？你起码不会变成一个失败者，到了45岁，有稳定的房产和爱人，孩子有了自己的生活。不错，这时候你可以对自己说，是时候去搞摇滚乐了！

总之，不要试图改变世界，而要改变你自己。

05

虽然口袋里空空如也……
但我真的很操心天下大事！

Q16:

为什么在市场经济条件下，会“富人越富，穷人越穷”，马太效应现象越来越明显？

来自 @ 褚明宇 的回答：

最近，“马太效应”这个词好像很热门。不知道大家有没有发现，有那么一类词，你总是听别人说，甚至自己也跟着稀里糊涂地使用过，但是从来没弄清楚过这个词语到底是从哪儿来的，到底是什么意思。

比如我自己，经常听人说“三观”这个词，我自己也不止一次地使用过，甚至嘲笑过那些以“三观正”自居的人，但是坦白地说，我从来就不知道“三观”到底是哪三观，也从来没弄清楚过这个说法的出处。

我想“马太效应”对于不少人也属于这种情况。

据说“马太效应”的出处是《新约·马太福音》里的一个故事。故事情节是，有一人要去国外，就在出国前找来三个仆人，根据能力给每个人分配了一笔资金，让他们代为经营。一个发了五千，一个发了两千，还有一个发了一千。过了一段时间，这人回国，核对账目发现：那个领了五千的，拿钱做买卖又赚了五千，如今一共有一万；那个拿了两千的，做买卖也挣了两千；但是那个拿了一千的人，怕钱丢失、亏本，居然把钱埋在了地里，一分钱也没挣到。于是，主人一生气，就把最后那个仆人的一千也收回，交给那个拥有一万的仆人管理。“凡有的，还要加倍给他，叫他多余；没有的，连他所有的，也要夺过来。”

后来，有人用这个典故来描述“富的更富，穷的更穷”这类现象，除了社会贫富的两极分化，同样的情况也发生在学术界（有名的学者越有来越有名，没名的越没名）或者职场（一个团队里功劳总是被少数人占据，而且占功劳越多的升迁得越快，占功劳就越多）等等。

对于这类现象，其实用一个简单、明了的词就能说清楚，就是“正反馈”。不管是财富、名气，还是职运，好像都存在这种正反馈机制，只不过“正反馈”这词太直白，远不如“马太效应”给人的感觉那么神秘、洋气。

虽然我认为《马太福音》里的寓言用来解释这个现象并不是最贴切——故事里面一开始就说清楚了是“按能力”分配原始资金，而大家在使用“马太效应”的时候，想表达的则是一种不由个人能力差异导致的障碍。但是从传播角度来看，“马太效应”这个词确实很有效。

如果“马太效应”真的牢不可破，那么美国人特别爱讲的所谓 upward mobility ——一个人经济、社会地位**“向上移动”**的可能性——就只能是一种幻想。

所以，“马太效应”到底有没有破解的办法呢？

哈哈，我们永远是有办法的。不仅有办法，还有实验数据能证明这个办法是有效的。

20 世纪 90 年代中期，克林顿当政期间，美国政府搞过一项搬迁计划，名叫 MTO（Moving to Opportunity）计划，翻译成中文就是：向机会搬家。一共有五个美国大城市（巴尔的摩、波士顿、芝加哥、洛杉矶、纽约）里的近 5000 个贫困家庭参与。

比如在纽约，“马丁·路德·金大道”是有名的贫民窟，MTO 计划让一部分居民搬离贫民窟，住到更富有、机会更多的地方去。

这项计划的想法，简单地说，就是想看看能不能突破“马太效应”，能不能人为、有效地增加经济社会地位处于下层的家庭“向上移动”的空间。

参加这项宏伟社会实验的家庭被随机分成了三组。

第一组是控制组（Control Group），也就是留在贫民窟没搬家的家庭，未获得住房补助。

第二组是传统补助组（Section 8 Group），政府向他们发放住房法案第8节（Section 8）规定的住房补助券，使他们搬离贫民窟，但对于搬到什么地方居住没有任何限制。

第三组则是实验组（Experimen他/她l Group），每个家庭同样发放住房补助券，但是对搬迁的地点有个特殊的要求，就是目的地的贫困率（基于1990年普查）必须不能高于10%，也就是说，必须搬到一个中等收入或以上的社区。

要是拿上海打个不那么贴切的比方，差不多就是你家原来住在崇明，政府出钱让你搬家，一种是随便你去哪儿，只要搬出崇明就行，另一种是你必须去静安、徐汇之类的地方。

十年后，美国政府统计这项实验的成果。你猜结果怎么样？

结论是：失败！

统计发现，跟留在贫民窟的家庭相比，搬家去富有社区除了对健康有些好处，家庭收入、失业率等其他一些指标都没什么改变。

所以，人为增加“向上移动”的空间是无效的了？当时，研究过这些数据的学者基本都得出了同样的令人失望的结论。

但是——你瞧，“但是”来了——又过了几年，当一些学者再次统计这些家庭的状况的时候，一个显著的不同出现了。他们发现搬到富有社区的这些家庭，虽然父母的经济、社会地位没有显著变化，但是他们的孩子，在收入、大学升学率等方面都远远超出了没搬家的家庭！

第一次统计结果的时间还太早，当时这些孩子大部分只有十一二岁，而再次统计结果的时候，他们已经成年，这时候搬家的正面效果开始在他们身上体现了出来。

这个结果对于你来说是一个好消息，也是一个坏消息。好消息是，人为增加“向上移动”的空间是可行的；坏消息是，这帮不了你，只能帮到你的孩子。

所以，破解“马太效应”至少有一个可行的途径——搬家。从崇明搬到静安，从三线城市搬到一线城市，买不起房子可以租，千万别为了买房从核心地带搬到偏远郊区的什么房奴小区里窝着，那样你可就真的铁定成为“马太效应”的牺牲品了。

你或许说，逼着自己住在自己买不起房的地段，难道不是很傻吗？没错，事实就是这个道理：Fake it until you make it（一直假装直到你真正做到）。

Q17：

北京的房价真的已经超过纽约了吗？

来自 @假装在纽约 的回答：

北京的房价在经过 2016 年的跳涨之后，在 2017 年的前三个月里又再次大涨 20%。相比 2016 年年初，大多数小区的均价差不多翻了一倍，如今三环、四环沿线每平方米单价 10 万人民币以上的房子比比皆是。北京房价已经正式进入了“10w+时代”——而这还只是非学区房的情况。

因此，在大多数人的印象里，北京、上海的房价已经远超纽约、东京。那么，事实是不是如此呢？到底是北京的房价高还是纽约的房价高？

这个问题其实很难有一个明确的"yes or no"式的答案，因为房价实在是一个太复杂的东西，受到很多因素的影响。

你很难在两个天差地别的城市里，找到两处地段、环境、户型、朝向、年限等各方面条件都类似的房子，从而在一个理想的状态下进行比较。

两个国家的房地产市场模式以及税收、贷款政策也很不一样，比如中国买房一般算建筑面积，而美国买房一般算使用面积。

再比如，中国的房子一般有普通住宅、公寓、别墅和商住两用房之分；而在美国则分成 独栋别墅（house）、联排别墅（town house）、多户住宅（multi-family home）以及在大城市常见的高层公寓楼等类型。

纽约的公寓楼还有一个很"变态"的情况，根据产权分成产权公寓（condo）和合作公寓（coop）两种。前者类似中国的商品房，而后者则很难在国内找到对应。一栋合作公寓楼，大致可以看成是一家“公司”或者“合作社”，购房者理论上不拥有每套房子的单独产权，而是拥有这家公司的股份，同时拥有其中某一套房子的使用权。

买了合作公寓楼的房子以后，无论是出租还是转手出售，都必须经过整栋楼所有业主的同意，由业主委员会对租客和买家进行非常严苛的审核。正因为租售都不太容易，所以合作公寓楼的房子一般来说会比同等状况的产权公寓便宜30%左右。在美国其他地方合作公寓很少，但在纽约因为房子比较贵，所以也有很多人愿意去买价格便宜的合作公寓。

还有很重要的一点是，我们比较房价，也只有比比绝对值才有点说头，比较相对于收入水平的相对值根本毫无意义——以北京只有纽约十分之一的人均收入，不用比都知道，北京的住房痛苦指数早就远远超过了纽约以及全世界绝大多数城市。

在明确了“**房价不能做简单对比**”这样一个大前提之后，

我们来比较一下北京和纽约的房价。

第一，先来看看顶级豪宅的价格。

曼哈顿岛上的顶级豪宅非常多，尤其是2016年豪宅价格更是接连创下新纪录。

最近几年备受瞩目的明星项目是中央公园（Central Park）边上的“公园大道432号”（432 Park Avenue），2016年才建成，是美国第三高楼，同时也号称是全世界最高的住宅楼。站在这个高度看过去，不但可以把中央公园那一片蔓延几十条街的绿色尽收眼底，更可以看到巨幕版的曼哈顿无敌夜景。

就在前不久，媒体纷纷报道这栋楼里刚刚成交了两套房子。一套在80层，4卧5卫，504平方米，成交价是4425万美元，相当于3.04亿元人民币，单价每平方米59万元人民币。另一套则占据83层的整层，成交价6560万美元，相当于4.52亿元人民币。

但是，这两套房子在纽约的豪宅排行榜上根本排不上号。

“公园大道 432 号”里最贵的一套房子是一个沙特富豪购买的，占据最顶层 96 层的整层，挂牌价 9500 万美元，后来打了点折，实际成交价 8770 万美元，相当于 6.04 亿元人民币。但这套房子仍然不是纽约最贵的房子。

目前，纽约最贵的豪宅纪录诞生在和“公园大道 432 号”相邻几个街区的 One57 大楼，这里的顶层在 2015 年成交，价格是 1.005 亿美元，这也是纽约的豪宅售价首次突破 1 亿美元。这套房的面积是 1014 平方米，每平方米单价 68 万元人民币。

“公园大道 432 号”和 One57 都位于曼哈顿中城 57 街，这条街被称为“亿万富豪街”（Billionaires Row），现在还有好几栋豪宅大楼正在施工，未来打破新纪录应该不是什么难事。

在美国房地产网站 StreetEasy 上，目前“公园大道 432 号”共有 14 套房子挂牌出售，其中总价最低的一套是 132 平方米的一居室，售价650万美元，算下来每平方米大概是33万元人民币。

也就是说，纽约的豪宅价格大致在每平方米30万到70万之间，总价则已经逼近乃至超过了1亿美元。

至于北京的豪宅，则一向神秘而低调，媒体报道得少，我们普通人能够了解到的信息就更是少得可怜。

据我极其有限的认知，北京的豪宅不外乎龙湖·颐和原著、丽宫别墅、远洋·LA VIE等几个项目，所谓的“顶峰人士”、“红顶商人”社区，总价不超过两亿人民币，而且因为面积通常在1000平方米以上，所以单价只有十几万人民币，甚至还没有学区房的价格高。

另外，还有现在风头很劲的骏豪·中央公园广场，每月每平方米物业费30元人民币，就在被当成北京版中央公园的朝阳公园边上，但是单价似乎也就在15万人民币左右。

所以结论就是：**北京的豪宅价格还远远无法与纽约相提并论，**无论单价还是总价都不到后者的三分之一。其中的原因也很好理解，毕竟买北京房子的只有中国富豪，而买纽约房子的则是全世界的富豪。

等到有一天北京也成为纽约这样的世界城市，在环境和城市管理上都达到后者的水平，有了世界性的吸引力，估计豪宅的价格也能赶上，但这一天至少从现在看来还遥遥无期。

第二，再来比较一下高端公寓的价格。

顶级豪宅毕竟离普通人的生活太远。在纽约，一般比较有钱的普通人（医生、律师、金领）会选择住高端公寓，这种楼称为奢华公寓（luxury apartments），楼龄比较新，楼里有仅供住户使用的健身房和会所，有屋顶的露台和烧烤架，楼门口有礼宾部（concierge）全天候迎来送往兼拦住外人。

这样的楼在纽约非常多，住在里面很舒适，即使不是像富豪那样住在世界之巅俯视众生，也已经足够带来满足感和成就感。

这种高端公寓，对应的是北京比较高端、物业好、绿化好的小区。遗憾的是，北京的大多数所谓高端小区其实都徒有虚名，高端的只是价格，无论是小区环境还是物业管理水平都远远达不到要求，住起来未必会有相应的舒适感。真正合格的高端公寓在北京屈指可数。

在这个类别，我选择了纽约的 The Avery at 100 Riverside Boulevard，北京则选择了新城国际和华贸国际公寓，这几个地方的地理位置比较有可比性。

前者位于曼哈顿上西区，靠近河滨，闹中取静，但离中央公园只有 3 个街区，到时报广场（Times Square）只有 4 站地铁；而北京的这两个小区邻近北京最繁华的 CBD，走路到国贸、中央电视台和光华路上正在建设的北京第一高楼“中国尊”都只要 10 分钟左右。

The Avery at 100 Riverside Boulevard 最近一套出售的一居室在 2017 年 3 月 19 日成交，面积 84.8 平方米，成交价 137.5 万美元，相当于 947 万人民币；平均每平方米 11.16 万人民币。另外，我测算了纽约其他一些类似公寓的价格，单价一般在 12 万至 13 万人民币之间。

再看北京，新城国际最近一套在 2017 年 2 月 27 日成交的一居室，面积 89.12 平方米，售价 1050 万元，单价是每平方米 11.78 万。

在高端公寓里，新城国际基本上已经是北京最好的小区之一，名列前茅。华贸公寓的档次稍微低一点，价格也稍低，挂出来的一套 80.57 平方米一居室，要价 860 万，单价每平方米 10.67 万。

与此同时，北京朝阳区的东三环、北三环、东四环，有许多居住品质还要差很多的小区，价格也都在 2017 年春节以后突破了 10 万。北京绝大多数近 15 年建设的新小区，品质都非常糟糕，但他们涨价却一点都不心软，纷纷向高端公寓看齐。

所以结论就是：在中高端公寓上，北京的价格已经和曼哈顿持平，就总体水平而言，曼哈顿仍然稍微高一些，但差别已经不大了；而且花同样的钱，在曼哈顿的居住品质要远超同等价位的北京公寓。

第三，比较一下状况普通的公寓楼。

除了高端公寓，纽约还有很多普通的民居，那是大多数年轻人和工薪阶层居住的地方。这部分公寓，有些楼龄非常老，甚至可能是第二次世界大战前就建成的战前建筑（pre-war buildings），别说会所和健身房了，连电梯都很老，我就碰到过必须要用手把门掰开的电梯，还有一部分五六层的楼，甚至连电梯都没有。

我选了一栋位于纽约西108街238号的6层公寓楼，这里的位置已经有点偏了。2016年6月10日，这里一套166平方米的三居室，成交价是 209.5 万美元，相当于 1442 万人民币，折合单价是每平方米 8.7 万人民币。

而在北京，在寻找有可比性的房子时，我选了东四环附近的水碓子社区，单价大概在 7 万人民币左右。

结论是：这部分房子，北京的价格和曼哈顿的价格也差不多，曼哈顿的均价大概会高一两万左右。房子的状况虽然千差万别，但这些差距可以不考虑在内，可以说两地大致在同一层次。

第四，比较一下非市中心的普通住宅楼。

当然，我没有忘记纽约不只有曼哈顿，假如觉得曼哈顿的房价还是太贵，或者太闹太拥挤，可以选择住到曼哈顿岛外的其他四个区，甚至住到只有一河之隔、两站地铁的新泽西州。

纽约的房子，一个很重要的特点就是：一旦离开曼哈顿，房价就会急剧下降。以皇后区（Queens County）一个叫木边（Woodside）的地方为例，这里离时报广场只有7站地铁，半个小时能到。

这里有一套71平方米的一居室，位于39号大道61–09号，就在地铁口，走到地铁站估计只要一分钟。虽然其所在的社区很一般，但房子的状况还不错，价格是53.5万美元，相当于368万人民币，平均单价是每平方米5.2万。

回到北京，如果我们从东三环上的呼家楼出发，往东坐7站地铁的地方叫草房。这个地铁站周围有很多小区，其中一个叫北京像素，目前的单价大概在6万至7万之间。

在纽约，如果你愿意再跑远一点，比如皇后区还有个地方叫雷哥公园（Rego Park），从时报广场出发同样不用换线，一条地铁坐14站，加上走路到地铁站，一个小时绰绰有余；开车的距离则是12.7公里。

这里一套 74 平方米的房子是 28.9 万美元，相当于 199 万人民币，单价只有每平方米 2.69 万人民币。

而 2.69 万的房子，在北京要去哪里找呢？这个问题真的难倒我了。我搜了下平谷的房子，单价大致在 2.6 万至 3.2 万之间。

可是平谷在什么地方呢？那儿离国贸的车程是 74.9 公里。

我又看了下燕郊的房子，价格勉强在 3 万以内。

燕郊又在哪里呢？距离倒是比平谷近了很多，离国贸只有 32 公里，可是从行政区划分上来说，这儿已经属于河北。

如果坐公共交通，从北京市区到平谷和燕郊是如何艰难？我有所耳闻，也看过报道，但从未亲自体会过，难以想象。

我只知道，**那些每天在燕郊和北京之间疲于奔命的年轻人，**

他们的锐气、灵感和任何关于生活的诗意都必然会被消磨。

最后，总结一下：

1. 纽约的豪宅比北京要贵很多很多，两者差了好几个数量级；对于富豪来说，相比纽约，北京的豪宅价格并不算离谱，甚至可以说是相当便宜。

2. 中高端公寓和市中心的普通住宅，北京和纽约的差距已经大大缩小，纽约稍微贵出 10% ~ 20% 左右，两者大致在同一个水平线上；另外不要忘记纽约的房价已经基本趋于稳定，而北京则还有很大的变数或者说是上升空间。

3. 地段较远、价格较低的房子，如果各方面状况差不多，北京的价格就要远远高于纽约。如果愿意住远一点，在纽约不需要付出很大的时间成本，就可以买到价格低廉的房子，意味着不那么富裕的人，也可以过上体面、不需要丢失尊严的生活；而在北京，要拿到同等的价格，就需要付出多得多的时间成本，意味着生活质量也要大大地降低。

4. 还有一点我没有提到的，纽约还有一系列面向中低收入阶层的保障房制度和房租稳定法规，所以即便纽约人一直抱怨曼哈顿房价贵上了天，但其实很多中低收入的人还是有办法住在曼哈顿。

Q18：
面对阶层固化，
什么样的人才有逆袭的机会？

来自 @ 银教授 的回答：

阶层固化从古至今一直都存在。

最近两年，阶层固化这个概念被炒热，我认为主要是由于优质中产阶层为了缓解自己的焦虑而频繁提及所导致的。

这些优质中产阶层大多出生于普通家庭，经过自己的努力，结合时代给予的机会，实现了阶层的突破，但他们仍然害怕跌落，所以希望后来者不会轻易挤上他们搭乘的船。

优质中产阶层之所以担心，是因为他们距离顶端还有很远的距离。

真正位居金字塔顶端的人，其实不太关心阶层流动，因为他们处于天花板，而所谓流动，都发生在天花板以下。比如，房地产开发商根本不在乎在建筑工地上搬砖的人是否能晋升为包工头，也不在乎包工头是否会沦落为搬砖工，开发商只需要确保有人干好这两个岗位就行。

为了缓解焦虑，中产阶层必须要给自己制造优越感。

每个夜深人静的夜晚，中产阶层加班到筋疲力尽时，一想自己好歹还有那么一两套房，嘴角就会不经意地上扬起来。

但真正让他嘴角扬起来的，不是自己买了房，而是更多的人还没买房。

“我上车了，你没上车，我比你优越。”他们嘴上不会这么说，但心里偶尔会这么想。

不然，他们根本坚持不下去，因为越往上爬，越累。

没上车的人跟在车后面追，这让车上的人产生优越感。

哪怕上的是公交车，哪怕在公交车上连座位都没有。但是没关系，至少自己上车了。

抓住机会(包括但不限于房产投资)的人,都是上了车的人。

上了车的人，在相当长的时间段内，都是受益者，且这些受益者不会轻易被替换。这就造成了一定程度的阶层固化。

比如30年前下海的人，比如10年前买了很多套房子的人，比如这几年抓住了互联网高速发展红利的人。

而机会一旦错失，谁都不知道下一个机会什么时候再来。

一旦完成了资本积累，资本会再生资本，围墙越打越牢，子女也会在起跑线上占有优势，在不出意外的情况下，后代也不会轻易跌落其所在的阶层。得益于现代公司制度，哪怕子女平庸，职业经理人也会帮忙赚钱。

这些都是阶层固化的表现。但我们不要因此就怨社会。

阶层固化从古至今一直都存在，这是很正常的现象。没有一个时代会让人轻易跨越他所在的阶层，只有难和更难的区别。因为社会总资源是有限的，那些已经被占据的资源，没有人会轻易让出来。

但是不要灰心，就中国而言，在和平的前提下，在经济高速发展的前提下，从来没有任何一个时代，会比今天有更多的机会来让人们突破阶层。

比如，在我的朋友圈里就有幸加了几位亿万资产的人，而且都是年轻人。从来没有哪个时代像今天这样，能让二十几岁的年轻人在积累财富的舞台上如此放肆。

你可以说这是泡沫。但是他们的公司创造了就业岗位，让更多的年轻人有饭吃，而且公司本身在盈利。如果真的有问题，市场自然会裁决。

他们很普通，他们又不普通。

普通，是出生普通。不普通，是他们抓住了机会。

你想不到的，他想到了；你想到的，他已经做到了。

年轻人太可怕了，他们的原始资本积累不及中老年富豪，但是他们创新的商业思维和超强的想象力让中老年人汗颜。

每一个中老年人，都是当年意气风发的年轻人；每一个年轻人，也都会变成中老年人。

我写过这么一个段子：现在很少有80后喷90后了，因为他们的老板是90后。

突破阶层的机会是有的。

那么只剩下一个问题：这个机会凭什么要给你？

带着这个问题，首先要给自己浇一盆冷水，那就是：我们很可能一辈子都是碌碌无为的普通人。

这才是生活的真面目。

你只有接受这一点，才能心平气和地努力，不然迟早会被气死。

突破阶层的通道有哪些？理论上来说，条条大路通罗马。

这真是一个让人生气的答案。但也是事实。

我听说过很多人突然就发财的事迹：

张三，普通农民，前几年包了几十亩地，种树，卖了，捞了一大笔。

李四，家政包工头，这几年越做越大，挣不少。

王五，在纸媒还有点景气的时候就果断跳槽到了新媒体，现在已经做大做强。

但我也听说过很多人倒霉的事迹：

有人听说某个行业赚钱，于是他们也去做，结果亏了。

为什么别人能赚钱，你却亏本？

因为挣钱这种事，手上得有牌。

有些行业有技术壁垒，如果你的技术有优势，你就能行。

有些行业有资金壁垒,如果你能低成本融资,你就成功了一半。

有些行业没有壁垒，但需要对市场有敏锐的嗅觉，或者消息很重要。简单地说，别人掌握不到的消息，你能掌握，那你就能利用信息不对称的原理走在前面。比如，等知道别人种树挣钱了，你再去种树，那么等树长大时，很可能机会已经不在了，因为会有很多跟你一样想法的“傻瓜”，他们也种了很多树，结果供大于求，市场上就不再有挣钱的机会。这一切都是因为你的信息情报跟别人相比没有任何优势。

现在，看看自己手上有什么牌吧。换言之，想想你比别人厉害在哪里。

你能否利用你的特长去整合更多资源，让自己如虎添翼？

或者，你不是虎，你就是翼，那你能不能找到你的虎，也就是你的贵人？

如果你只擅长喝酒、抽烟、打牌、睡懒觉，那全球擅长这些技能的人有几十亿，凭什么上天要给你机会？

你需要知道这个世界是怎么运作的，然后才能参与它的运作。你要有一点点上帝视角。

大多数人，只要能勤奋工作，都会一年过得比一年好。我所认识的勤奋的人，过得都不差。但是，要实现阶层的跨越，还得靠一点点运气。

是的，运气很重要，但这不是你所能掌控的。

你只能在自己可控的范围内，把自己做到最好，然后在你嗅到一点运气的味道时，去尝试着捕捉一下。

在正确的方向上越努力，嗅探到运气的机会就越多。

Q19:

近些年，我们的这个社会进步了多少?

来自 @ 李子暘 Lee 的回答:

我是在 20 世纪 90 年代上大学的，班里有位日本留学生。

毕业后，我们一直保持着联系。前两年，我们聊天时曾经感叹道：“上学的时候，谁能想到今天中国和日本的实力对比呢？”在当时，要是说中国会超过日本，是绝对不会有人相信的，倒是会有一大帮人嘲笑你。可事实是，到了今天，中国不但超过了日本，而且超过的距离之大令人咋舌，日本已经完全不指望再反超中国了。

我们这个时代当然是在进步，而且进步之大，超出了出发时全世界所有人最大胆的想象。在20世纪80年代初，即使是国际上最亲华、对中国最友好和乐观的人，也想象不到中国会有今日的成就。

并且，中国的进步，绝不仅仅是物质层面的。今天，中国人的精神面貌、社会的文明程度、国家的组织水平、解决各种社会问题的能力，比几十年前的中国强得太多太多了。

换个角度来说，中国曾经经历过统一王朝崩溃以后的大混乱。从汉朝之后的魏晋南北朝，到安史之乱开启的唐末乱局，一直到五代十国，都是在经过两三百年的大混乱、大惨痛之后，国家才恢复了和平和统一。

清末以来中国的局面，用李鸿章的话来说，是“两千年未有之变局”。但这个“两千年未有之变局”，中国只用了150年左右就走出来了。但是我们这一代人所做出的贡献又有多少呢？

前几年，有人提出了“中华民族崛起指数”，还没说完成了百分之百，就招致一片嘲笑。今天，我想说的是，中华民族已经完成了重新崛起。就算从今天开始中国经济停止了增长，重新崛起的任务也已经完成了。今人的成就，足以告慰先人了。

从个人生活的微观层面来说，我出生在 20 世纪 70 年代，家庭状况算是普通城市居民水平。当然算不上富裕，但好在没怎么被贫穷刺激过。在我小时候，对于家里拥有私人汽车这件事儿，连理想中都不曾有过。那时，我们顶多想有个彩电、冰箱什么的，彩电也就是“平面直角 21 遥”[①]之类的货色。到了今天，家里有汽车，已经无法拿出来炫耀了。想要炫富夸耀，恐怕得有一线城市的别墅。

说到这里，想起一件往事。我有位同窗好友，我们刚进大学的头一个月里，他反复念叨：“过些日子，我有笔大开销。过些日子，我有笔大开销……”看上去很上心的样子。到底是

① “21 英寸平面直角遥控彩色电视机”的简称。

什么事儿呢？一问才知道，原来是他女朋友国庆节要来北京看他，他要请女朋友去王府井的麦当劳吃一顿。

前些日子，我们聚会吃饭时。这位朋友发话了："以后聚餐找地方，人均三百元以下的，甭去。"

我认为，这些巨大的、惊人的发展进步，才是我们这个国家在这个时代的"主旋律"。思考、讨论社会问题时，不必时时念叨这个主旋律，但不能无视或者忽略它。

我这样说的意思是，中国现在当然还有很多问题，有很多缺陷和不足，有的还很严重，但对照这个主旋律，我们就会意识到，那些问题其实并不像表面看上去那么严重。这些问题要努力去解决，有的还很难解决，但为了这些问题而高度焦虑、愁眉不展，认为局面很危险，是完全多余的。

想象一下，如果我们返回到 1973 年石油危机的时候，打开报纸，看到报道说，石油价格暴涨数倍，是什么感受？

西方各国为此陷入了深深的危机。美国人为了给汽车加油，不得不大排长队，美国人民纷纷抱怨政府的无能和失败，说美国这个国家要完蛋了，云云。

可1973年的中国人看到这些消息会怎么想呢？如果是我，会感到很辛酸。看看人家美国人，着急的是什么？是汽车加不上油！再看看我们，着急的是什么？是买不到肥肉（现在的年轻人可能都不知道，那时候人买肉，都尽量要肥的），是一家老小挤在一间小屋里，是赶集晚去一点儿豆腐就卖没了。汽车？我连一辆自行车都买不起。老天爷啊，什么时候让我也能为汽车着急吧！

时光如梭。现在的中国人也开始为汽车而着急了。摇不上号，大堵车，没地方停车，被修车的人骗钱，被警察罚钱，和别的司机在路上打起来了……真可以说是“心想事成”啊！

今天困扰我们中国人的很多问题，比如雾霾、堵车、食品安全、转基因食品之争，还有地铁里有人打架啊，爱国主义者的偏激举动啊，有人在街上随地吐痰啊，有人在电影院大声说话、看手机干扰了其他人啊，可能会让一些人对中国深感忧虑，认为这简直是国将不国——或许您就是这些人之一——但在不少其他国家的人看来，这算什么事儿，你们中国还有没有像样的新闻？

旧问题解决以后，一定会接着产生新问题。再快的进步，再美好的社会，也是如此。但是，旧问题和新问题，说起来都是问题，可大不一样。堵车的焦虑，和没钱给孩子买鞋只好让孩子打赤脚的焦虑，都是焦虑；你因同事在办公室吸烟而气愤，和你因同事们给你“开批斗会”而气愤，都是气愤。但是，能一样吗？

除此以外，我想，怀疑中国是否进步的另一个原因是，通过什么理论视角来看中国。如果在是否有一人一票的全国普选、是否可以用谷歌（Google）、脸书（Facebook），是否可以公开大骂总统等角度来看，中国好像确实差点。但问题是，这些指标真的那么重要吗？真的是衡量国家进步与否的唯一标准吗？我们应该思考，会不会存在另外一套标准，在那个标准下，中国各方面都很领先。因此，中国才取得了如此长足的进步。

不少朋友都说我很乐观——乐观得过头了。可能是吧。

但是，生活在今天的中国，我实在找不到悲观的理由。无论是纵向和本国历史比，还是横向和其他国家比，我对自己生逢时代的运气之好，简直不敢相信。